Don Quichotte

DU MÊME AUTEUR

Vie et mort du Roi boiteux, 2 tomes, Leméac, 1981
La Mandragore, Leméac, 1982
Les Milles et une Nuits, Leméac, 1985
Le Titanic, Leméac, 1986
Cinq Études, Leméac, 1994

JEAN-PIERRE RONFARD

Don Quichotte

LEMÉAC

Données de catalogage avant publication (Canada)

Ronfard, Jean-Pierre, 1919-

Don Quichotte
(Théâtre Leméac ; 142)

2-7609-0137-8

I. Titre. II. Collection

PS8585.053D66 1985 C842' .54 C85-094201-2
PS9585.053D66 1985
PQ3919.2.R66D66 1985

Photographie de couverture : Gilbert Duclos

ISBN 2-7609-0137-8

1124, rue Marie-Anne Est, Montréal (Qc) H2J 2B7
Dépôt légal – Bibliothèque nationale du Québec, 4e trimestre 1985

Imprimé au Canada

Metteur en scène, dramaturge, animateur et professeur de Théâtre, Jean Pierre Ronfard a commencé sa carrière en Algérie. Il a enseigné par la suite à Thessalonique, Lisbonne et Vienne, avant de venir à Montréal comme premier directeur de la section française de l'École Nationale de Théâtre du Canada. Il occupa ce poste de 1960 à 1964.

Établi depuis lors au Québec, il a joué un rôle de premier plan dans l'essor du théâtre québécois. Il fut directeur des Jeunes Comédiens du T.N.M., cofondateur et animateur du Théâtre Expérimental et artisan d'Espace Libre, lieu théâtral aménagé dans une caserne de pompiers désaffectée.

À travers ses mises en scène, Jean-Pierre Ronfard a toujours poursuivi une expérience de création. Chacun de ses spectacles a été un jalon de sa recherche fondamentale sur le sens et les signes de l'expression théâtrale. Cette recherche l'a conduit naturellement à l'écriture dramatique dont *Vie et mort du Roi Boiteux,* grande fresque baroque en six épisodes, est l'éclatant aboutissement (1981). Ont suivi depuis: *La Mandragore* au T.N.M. (1982), *Les Mille et une nuits* au Nouveau Théâtre Expérimental (1984), *Don Quichotte* au Théâtre du Trident (1984), *Le Cyclope* au Nouveau Théâtre Expérimental (1985), *Dans les Dunes de Tadoussac* à l'École Nationale de Théâtre (1985), *Le Titanic* au Festival de Théâtre des Amériques (1985).

CRÉATION ET DISTRIBUTION

La pièce *Don Quichotte* a été représentée au Grand Théâtre de Québec du 6 Novembre au 1er Décembre 1984 dans une production du Théâtre du Trident.

La distribution était la suivante:

Paul Hébert	Don Quichotte
Guy Lécuyer (puis Normand Lévêque)	Sancho Panza
Micheline Bernard	Aldonza-Dulcinée Julie La directrice
François Dupuis	L'aubergiste Monsieur Charles Le geôlier Ulysse
Marie Thérèse Fortin	Roberte Émilienne L'ange aux ailes peintes Marcelle La Princesse Micomicona
Jean-François Gaudet	Le curé Léon Le fou Ambroise

Marie Gignac	Antonia Hortense Hélène de Troie
Léo Munger	La Gouvernante Donalda La pauvresse
Michel-Antoine Nadeau	Samson Carrasco Freyssinet Le diable
Jack Robitaille	Nicolas Le maître de Jérémie Ginés de Passamont
Serge Thibodeau	Jérémie Pierre Alonzo Angulo el malicioso

Les costumes et les décors étaient d'Yvan Gaudin, les éclairages et les projections de Denis Guénette, la musique de François Dupuis, la régie d'Yanick Auer, et la mise en scène de Jean-Pierre Ronfard.

DÉCOR

La scène est nue et blanche. Toute blanche. Une grande page blanche où viendront s'inscrire les aventures colorées de Don Quichotte.

Le seul élément méritant le nom de décor de théâtre est un chariot qui servira à représenter: l'alcôve, la charrette des comédiens, la cage.

Les costumes de Don Quichotte et Sancho Panza sont traditionnels, c'est-à-dire allant chercher leurs lignes dans l'image courante de Don Quichotte et de Sancho Panza. Les autres costumes sont anachroniques.

Rossinante est un bicycle à deux roues inégales semblable aux premières bicyclettes 1900. Grison, l'âne de Sancho, est un tricycle bas sur ses roues.

PREMIÈRE PARTIE

SCÈNE I

DISPARITION DE MONSIEUR QUIJANO

Lumière. L'alcôve est en place au fond de la scène, rideaux fermés. Antonia, la nièce de Don Quichotte, entre: elle va à l'alcôve. Elle en ouvre les rideaux. Une masse énorme de livres se renverse sur elle et l'engloutit.

ANTONIA

Mon oncle, mon oncle, vous êtes là? *(Elle dégage sous les livres un lit avec son oreiller.)* Où êtes-vous, mon oncle? Mon oncle! Aïe, mon doux! Madre mia de mi corazón. Gouvernante, gouvernante, vite. Venez vite!

Entre la gouvernante.

LA GOUVERNANTE

Qu'est-ce qui se passe?

ANTONIA

Il n'est plus là. Il s'est sauvé.

LA GOUVERNANTE

Allons donc. As-tu bien regardé partout?

ANTONIA

Regardez vous-même.

LA GOUVERNANTE

Seigneur. Ah, Seigneur. Où est-il?

ANTONIA

Je vous dis qu'il s'est sauvé.

LA GOUVERNANTE

Nicolas!

ANTONIA

Nicolas!

Entre Nicolas.

NICOLAS

Qu'est-ce qui vous prend de crier comme des oies? Je suis pas sourd.

LA GOUVERNANTE

Où est monsieur Quijano?

NICOLAS

Comment?

ANTONIA

Où est mon oncle? Mon oncle!

NICOLAS

Ah! Monsieur Quijano.

LA GOUVERNANTE

Où est-il?

NICOLAS

Il est pas là-dessous?

ANTONIA

Ben non!

NICOLAS

Vous avez regardé?

LA GOUVERNANTE

Ben oui!

NICOLAS

Ben. C'est qu'il est parti.

LA GOUVERNANTE

Où?

ANTONIA

Où?

LA GOUVERNANTE ET ANTONIA

Où?

NICOLAS

Où? Est-ce que je sais moi! Il est plus là, c'est qu'il est parti. C'est tout.

LA GOUVERNANTE

Docteur Carrasco. Venez vite.

Entre Samson Carrasco.

SAMSON

Qu'est-ce qui se passe? Le salon est tout à l'envers. L'armure du vieux père Godefroy a disparu. Où est Quijano? Il n'est pas là-dessous?

LA GOUVERNANTE, ANTONIA ET NICOLAS

Ben non!

SAMSON

Nicolas, allez donc voir au garage. Depuis deux semaines, Quijano y passe toutes ses journées à bricoler.

NICOLAS

Où ça?

TOUS

Au garage!

NICOLAS

Bon, ça va. Criez pas si fort, j'ai compris. À l'étable. J'y vais.

Il sort.

LA GOUVERNANTE

Qu'est-ce que ça nous prépare tout ça? *(Entre le curé suivi d'Aldonza Lorenzo:)* Monsieur le curé. Avez-vous vu monsieur Quijano?

LE CURÉ

Non, mais j'aimerais bien le voir et lui parler en pleine face. Ce n'est pas d'un bon chrétien de terroriser mes ouailles comme il fait.

LA GOUVERNANTE

Que voulez-vous dire?

LE CURÉ

Parlez mon enfant.

ALDONZA

Ben moi là hier au soir, j'achevais de ramasser les patates dans le champ de la butte-à-Grégoire, puis, d'un seul coup, il y a ce monsieur Quijano qui s'est dressé devant moi comme un épouvantail, puis je lui ai dit qu'il s'en aille, que j'avais pas de temps à perdre, que je voulais finir mon travail avant la nuit. Puis il s'est approché. Alors moi, j'ai reculé. «Allez-vous-en, allez-vous-en» je lui ai dit. Mais il avançait, il avançait. Il avait les yeux brillants comme un diable. Alors moi j'ai pris ce que j'avais sous la main, mes patates. Je lui ai crié: «Va-t'en. Va-t'en de là maudit fou!» Puis je lui ai lancé des patates. Il en a reçu une tout droit sur le nez. Alors, imaginez vous ça, il l'a ramassée. Il lui a donné un baiser tout fort, comme ça. Puis après, il s'est donné des coups avec, dans le ventre, sur la poitrine, à la tête, même que la patate lui a éclaté sur le front. Toute pleine de jus. Elle devait être pourrie. Du coup j'ai pris la peur. Je me suis sauvée. Je l'ai entendu qui criait en courant comme un fou dans la campagne.

SAMSON

Qu'est-ce qu'il criait?

ALDONZA

Toujours les mêmes choses, les mêmes mots. C'était bien effrayant.

LA GOUVERNANTE

Quoi?

ALDONZA

Dulcinée. Dulcinée. Dulcinée du Toboso.

ANTONIA

Mon pauvre oncle est devenu dément.

SAMSON

C'est sans doute une crise de délire profond.

LE CURÉ

De concupiscence sénile, vous voulez dire!

LA GOUVERNANTE

Ça devait arriver. Il fallait que ça arrive. Ça n'avait plus de bon sens: toute la nuit à lire ses livres et le jour à bricoler dans la vieille étable!

ANTONIA

Il barrait la porte à double tour et je l'entendais qui trafiquait, qui trafiquait. Il poussait des soupirs, il déclamait des vers, il chantait même des chansons. Des fois j'avais comme idée qu'il priait.

LE CURÉ

Qu'il priait le diable. Voilà plus de six mois qu'il n'a pas mis les pieds à l'église!

Nicolas entre.

SAMSON

Alors?

NICOLAS

Rien. La porte est grande ouverte. L'étable est vide. La vieille rosse a disparu.

SAMSON

Vous croyez qu'il aurait réussi à la remettre sur pattes?

NICOLAS

C'est possible. J'ai vu des traces dans la bouette.

LA GOUVERNANTE

Allons donc. Elle n'a pas marché depuis dix ans.

LE CURÉ

Le diable. Le diable, je vous dis.

ANTONIA

Il faut le rattraper.

LE CURÉ

Rattrapons-le vite avant qu'il ne commette d'autres folies.

SAMSON

Non. Il ne faut pas contrarier la maladie. Le délirium doit passer — et souvent se termine — par une phase que nous appelons égarement déambulatoire. Notre malade n'ira pas bien loin. Le grand air lui rafraîchira les idées et il reviendra de lui-même reprendre sa place parmi nous. Il aura fait l'expérience de la réalité brutale. Dans son cas il n'y a pas de meilleure médecine. Nous devrons seulement l'accueillir à son retour comme si de rien n'était, ne faire aucune allusion aux tortures qu'il se sera lui-même infligées.

ANTONIA

N'est-ce pas bien cruel?

SAMSON

La médecine doit parfois se servir de la cruauté.

LE CURÉ

Il est vrai. La sainte religion de même.

LA GOUVERNANTE

En tous cas, tous ces livres, je les jetterai à la poubelle avant longtemps. Antonia, aidez-moi à mettre de l'ordre dans tout cet aria.

ALDONZA

Moi qu'est-ce que je fais?

LE CURÉ

Retournez à vos patates, ma chère enfant, et priez.

ALDONZA

Dulcinée du Toboso, qu'est-ce que ça veut dire, Monsieur le curé?

LE CURÉ

Ça ne veut rien dire. Ça ne veut absolument rien dire!

Ils sortent. Roulement frémissant de timbales.

SCÈNE II

LA PREMIÈRE SORTIE DE DON QUICHOTTE

Don Quichotte entre sur son bicycle, Rossinante.

DON QUICHOTTE

Qui peut douter que dans le livre où un jour seront relatés mes véridiques exploits, le chapitre qui contera cette première sortie que je fais si matin ne commence en ces termes:

À peine le soleil avait-il étendu sur la surface de la terre immense les tresses de sa chevelure, à peine les petits oiseaux, nuancés de mille couleurs, avaient-ils célébré de leurs chants la venue de l'aurore aux doigts de rose, qui, délaissant la couche de son jaloux mari, se montre aux mortels du haut des balcons de l'orient, que le vaillant chevalier Don Quichotte de la Manche, s'étant arraché à la douleur oisive du duvet, monta sur son fameux cheval Rossinante et prit la route à travers la plaine de Montiel au cœur de la brûlante Espagne.

On entend un furieux paso-doble tandis que s'éclairent fade-in, éclairagistes, ingénieur du son, comédiens, machinistes, public tous dans leurs places et activités fonctionnelles. Don Quichotte, visionnaire, ne les voit pas.

Ô siècles à venir, je vous salue et vous proclame heureux, vous qui aurez la gloire insigne de conserver éternellement l'éternelle mémoire de mes prouesses.

Et toi, qui que tu sois, sage enchanteur destiné à devenir le chroniqueur de cette merveilleuse histoire, vous tous, artisans et témoins de mes futures incarnations, je vous livre mon âme et mon nom laissant fantaisie à chacun de les parer des couleurs, traits, gestes et déguisements qui lui plairont, car dans ce monde de vérité où je m'engage, les formes du réel, passagères et fortuites, ne sauraient affecter mon être.

Mais dans cette ardente rencontre, je vous en prie, n'oubliez pas mon bon Rossinante, le compagnon de toutes mes courses et de tous mes voyages.

On aperçoit au loin Aldonza Lorenzo qui pèle des patates.

Ô Princesse Dulcinée, dame de ce cœur captif, une grande injure vous m'avez faite en me donnant congé, en m'enjoignant de fuir votre présence inestimable. Daignez ma dame et souveraine garder souvenance de ce cœur qui souffre tant d'angoisses et de tourments pour l'amour de vous!

Disparition de tous les personnages évoqués. Fin de la musique.

SCÈNE III

L'AUBERGE

Une projection sur la toile de fond montre une auberge de village.

DON QUICHOTTE

Mais comme l'avaient prévu mes livres, le sort me favorise puisque j'aperçois le château à quatre tourelles où par la grâce de Dieu doit s'accomplir mon investiture, le palais de rédemption qui verra mon entrée solennelle dans l'ordre de la chevalerie errante.

Musique de cuillères. Entrent l'aubergiste, sa femme, son valet et deux filles assez dépoitraillées, Roberte et Donalda. Tout le monde chante et danse comme pour une danse carrée. (Référence: Breughel: La danse de village.*)*

L'AUBERGISTE

Regardez donc, la compagnie,
Regardez-moi qui s'en vient là.

TOUS

Tout le monde en place sur le carré.

LA FEMME

Pension complète. Boisson et lit,
Ombre et soleil. On a tout ça

LE VALET

Avoine et paille à l'écurie
Pour le bidet de notre roi.

AUBERGISTE

Préparez-vous, les belles guidounes,
C'est un client pour vos matelas.

LA FEMME

Que choisira sa Seigneurie
De Roberte ou de Donalda?

ROBERTE

Il est sec comme du bois mort.
Au premier feu, il va flamber

DONALDA

Il est maigre comme une aiguille
Au premier coup il va casser

ROBERTE ET DONALDA

C'est-tu un coq ou un chapon?
On va y voir au fond des draps.

L'AUBERGISTE

Envoyez, les filles. Au travail!

Elles s'approchent de Don Quichotte en professionnelles. Il darde sa lance.

DON QUICHOTTE

Aaaaaaaaah!

ROBERTE ET DONALDA

Ooooooooooh!

L'AUBERGISTE

Qu'est-ce que c'est encore que cette affaire-là?

ROBERTE

Aïe, boss, il me fait peur avec sa lance.

DONALDA

Elle est trop longue et trop pointue.

ROBERTE

Je te le laisse. C'est pas ma taille.

DONALDA

Moi aussi il me fait peur. Je m'en vas.

L'AUBERGISTE

Restez là, les filles. Pas de panique.

DON QUICHOTTE

Que vos grâces ne prennent point la fuite et ne craignent nulle discourtoisie de ma part car dans l'ordre de chevalerie que je professe il ne convient d'en faire à personne. Et surtout pas à des damoiselles de si haut parage. *(Tout le monde reste interloqué.)* Mais je m'abuse sans doute. Peut-être êtes-vous deux gracieuses dames qui devant la porte de ce château folâtrent et prennent leurs ébats.

ROBERTE

D'où c'est-tu qu'il sort pour parler de même?

DONALDA

C'est bien la première fois qu'on m'appelle gracieuse dame.

ROBERTE

Moi à Salamanque, mon nom c'était Torche-à-cul.

DONALDA

Et moi Chatte-en-feu à Séville.

ROBERTE

Ça nous change!

Elles éclatent de rire. Tout le monde rit.

DON QUICHOTTE

Ce rire inattendu m'étonne. Il frise l'inconvenance en des bouches princières. Mais je ne vous dis point cela pour vous causer de la peine, ni troubler votre belle humeur, la mienne n'étant autre que de vous rendre hommage.

ROBERTE ET DONALDA

Mais certainement.

Elles éclatent de rire.

DON QUICHOTTE

Qu'est-ce que cela signifie? Quelque enchanteur malicieux aurait-il transformé mes traits au point qu'ils fassent naître le rire alors que si j'en crois mes livres je ne devrais entendre en entrant dans ce domaine qu'un murmure d'admiration et de respect.

Les filles éclatent à nouveau de rire. Don Quichotte est sur le point de se fâcher. L'aubergiste prend la situation en mains.

L'AUBERGISTE

Monseigneur, excusez-les, nos duchesses sont tout excitées par la surprise de votre arrivée. *(Aux filles :)* Heye, maintenant ça va faire! *(À Don Quichotte :)* Que votre grâce m'accorde la grâce de pénétrer dans mon domaine.

DON QUICHOTTE

Seigneur châtelain, je n'y consentirai qu'à la condition que vous m'armiez chevalier car il est dit dans les histoires anciennes que nul ne peut devenir un véritable chevalier errant s'il ne reçoit de l'un de ses pairs investiture et adoubement.

L'AUBERGISTE

Moi, mon affaire, c'est plutôt la daube de bœuf, le ragoût de pattes et la soupe aux pois mais... vous avez de l'argent?

DON QUICHOTTE

Ah mon frère, j'attendais cette question. Sachez que sur moi je ne porte pas une seule obole, obéissant à la loi des chevaliers errants, qui leur impose de défendre le pauvre, la veuve et l'orphelin par la force de leur foi et l'impétuosité de leur bras et non par l'éclat du vil métal forgé dans les cavernes du diable. Ai-je bien répondu?

L'AUBERGISTE

À merveille — je vais donc vous servir une bonne petite cérémonie de chevalerie, à la grâce de Dieu, qui comme vous le savez est gratuite et égale pour tous. Cette initiation se fera en présence des deux nobles dames que vous avez déjà saluées et des autres habitants du château. Voici la Princesse du Liseron Cornu, mon épouse. Voici le baron Patte-de-bois, le grand merdier de mon empire, le noble écuyer qui ramasse le crottin de mes chevaux royaux. Clotaire! *(Entre le cuisinier.)* Et enfin voici Don Clotaire qui trône sur l'empire des casseroles, des poêles à frire et des marmittes. Attention tout le monde, pas de farces, pas de soins et pas d'erreur. Nous allons procéder à l'investiture du Seigneur chevalier: qu'on m'apporte mon livre de prières.

On lui donne son livre de comptes. Il entonne une chanson à répondre. Tous reprennent après lui.

le renard a mangé la poule
le renard l'a mangé *(bis)*

le chien a chassé le renard
le chien l'a chassé *(bis)*

le cheval a frappé le chien
le cheval l'a frappé *(bis)*

le loup a saigné le renard

le loup l'a saigné *(bis)*

le chasseur a tué le loup
le chasseur l'a tué *(bis)*

la poule a nourri le chasseur
la poule l'a nourri *(bis)*

le renard a mangé la poule *(etc.)*

En chantant ils font les fous. L'aubergiste avec son livre applique un grand coup sur le crâne de Don Quichotte. Les filles lui mettent des bougies allumées dans les mains et le chatouillent sous les bras. Clotaire lui fait tirer la langue et lui met du sel dessus. La femme de l'aubergiste prend l'épée de Don Quichotte et lui en donne un grand coup sur l'épaule droite. Patte-de-Bois fait de même avec sa béquille sur l'épaule gauche et lui enfonce la tête dans la chaudière à merde. L'aubergiste confie l'épée de Don Quichotte à Roberte et Donalda qui la lui accrochent entre les cuisses. Clotaire apporte de l'eau qu'il verse dans le bouclier de Don Quichotte: tous mettant la main au bouclier en retournent le contenu sur lui. Il est illuminé, extasié. L'hôtelier fait signe à tout le monde de disparaître. Ils rentrent dans l'auberge sauf le cuisinier. Le cuisinier et l'aubergiste aident Don Quichotte à remonter sur Rossinante.

L'AUBERGISTE

Allez, Monseigneur et parcourez le monde comme un véritable chevalier errant. Mais avant de partir, dites-moi, s'il vous plaît, quel est votre nom pour que je puisse raconter votre histoire à mes enfants et petits-enfants qui y prendront bien du plaisir.

DON QUICHOTTE

Sachez que je me nomme Don Quichotte de la Manche, le chevalier de la triste figure et ne vous étonnez pas de cette appellation car si mon cœur est transporté par la joie de me voir aujourd'hui armé chevalier, la tristesse ne peut cependant pas disparaître de ma face, tristesse que me causent les dédains de la belle Dulcinée du Toboso. Dieu vous garde!

Il pique des deux et sort rapidement, le cuisinier et l'aubergiste sortent de leur côté.

SCÈNE IV

LE MAÎTRE ET L'ESCLAVE

On entend un negro-spiritual douloureux. Référence de la scène : la Louisiane au 19e siècle. Un esclave nègre est poussé violemment en scène par son maître. Celui-ci l'enchaîne à un arbre.

JÉRÉMIE

C'est le chacal, missié, c'est le chacal qui l'a empo'té.

LE MAÎTRE

Tais-toi, négrot. C'est toi le chacal.

(Il le frappe.)

JÉRÉMIE

Pitié, Seigneu', pitié pou' le pauv'e Jé'émie...

LE MAÎTRE

Avoue.

Il le frappe.

JÉRÉMIE

J'avoue, missié. J'avoue que je suis le plus méchant esclave de vot'e maison.

LE MAÎTRE

Promets.

JÉRÉMIE

G'âce. Je p'omets que je fe'ai attention au chacal.

LE MAÎTRE

Silence. *(Il le frappe.)* Je retiendrai sur ton salaire la perte du mouton.

JÉRÉMIE

Ah, Seigneu'. Ma femme, ma sœu', ma mè'e, ma g'and-mè'e, ma tante et mes petits-enfants, ils au'ont pus' ien à manger.

LE MAÎTRE

Qu'ils se nourrissent du mouton que tu m'as volé.

Il le frappe. Arrivée de Don Quichotte à fond de train.

DON QUICHOTTE

Discourtois chevalier, il vous sied mal de vous attaquer à qui ne peut se défendre. Montez sur votre destrier, prenez votre lance et je vous ferai voir votre lâcheté.

LE MAÎTRE

Monsieur, vous faites erreur. Ce garçon est mon serviteur, il garde mes moutons mais il fait si mal son travail que chaque jour il me manque une bête et quand je châtie sa paresse ou sa friponnerie, il dit que c'est pour ne pas lui payer son salaire. Mais par Dieu qui me juge, il en a menti.

DON QUICHOTTE

Menti vous-même, méchant vilain. Par le soleil qui nous éclaire je ne sais qui me retient de vous passer incontinent ma lance à travers le corps. Payez le sur-le-champ et sans réplique sinon je jure Dieu que je vous extermine et vous anéantis. Détachez-le.

LE MAÎTRE

Soit!

DON QUICHOTTE

Combien te doit ton maître?

JÉRÉMIE

202 ma'avédis, t'ente-t'ois pata'ds et six clopinettes.

DON QUICHOTTE

Ce qui fait en monnaie courante 37 guinées, 6 sols et 3 deniers.

JÉRÉMIE

42 piasses si vous aimez mieux.

DON QUICHOTTE

Nous dirons donc 42 piastres.

LE MAÎTRE

Il exagère. Il faut rabattre là-dessus trois paires de souliers que je lui ai fournies et 68 pistoles pour deux saignées qu'on lui a faites quand il avait la grippe.

DON QUICHOTTE

Que les souliers et les saignées amortissent les coups que vous lui avez donnés. Car s'il a usé au travail le cuir des souliers que vous lui avez payés, vous avez déchiré celui de sa chair fragile et si le médecin lui a tiré du sang étant malade, vous lui en avez tiré en bonne santé. Partant, il ne vous doit rien. Payez.

LE MAÎTRE

Seigneur chevalier, le malheur, c'est que je n'ai pas d'argent sur moi. Que Jérémie m'accompagne à la maison et je lui paierai ce qu'il mérite.

DON QUICHOTTE

La proposition est honnête. Allez donc, Seigneur chevalier. Allez, mon cher Jérémie.

JÉRÉMIE

Oh non, oh non, Seigneu'. Si j'y vais tout seul avec lui, il m'éco'che'a comme saint Ba'thélemy.

DON QUICHOTTE

Ne crains rien, mon brave. Pourvu que ton maître et Seigneur chevalier me jure d'accomplir sa promesse je le laisse aller libre et je réponds du paiement.

JÉRÉMIE

Oh non, oh non, oh non. Mon maît'e n'est pas chevalier. C'est Juan Haldudo, le 'iche p'o'piétai'e de Quintana'.

DON QUICHOTTE

Il n'importe. Il peut y avoir des Haldudo chevaliers même à Quintanar.

LE MAÎTRE

C'est bien évident. Jérémie, mon ami, faites-moi le plaisir de venir vous asseoir à ma table. Je vous promets par tous les ordres de chevalerie du monde de vous payer votre dû et même les intérêts.

DON QUICHOTTE

Des intérêts je vous fais grâce. Payez-le en bon argent comptant. Sinon, je fais serment de revenir vous châtier. Et si vous voulez savoir qui vous donne cet ordre, sachez que je suis Don Quichotte de la Manche, le défaiseur de torts et le réparateur d'iniquités. Que Dieu vous bénisse!

(Ils sort. Chants d'halleluyah!)

LE MAÎTRE

Eh bien, Jérémie. Le défaiseur de torts a parlé.

JÉRÉMIE

Oh oui missié, comme un ange de justice et si vous ne payez pas, il 'eviend'a pou' fai'e ce qu'il a p'omis.

LE MAÎTRE

Mon t'ès che' ami, pa' le g'and amou' que je vous po'te, je vais accroître la dette pour accroître le paiement. Prends ça, niaiseux, et ça, et ça. *(Il le bat comme plâtre.)* À cette heure, appelle donc ton défaiseur de torts et vois s'il défait celui-ci. Allons debout. Au travail. Debout. Debout.

Il le pousse au dehors. Negro-spiritual plus douloureux que jamais. Réapparaît Don Quichotte illuminé.

DON QUICHOTTE

Tu peux bien te nommer heureuse plus que toutes les femmes qui vivent aujourd'hui dans ce monde, ô belle Dulcinée du Toboso, puisque le sort t'a fait la faveur d'avoir pour sujet et pour esclave de tes volontés un chevalier aussi vaillant, sage et renommé que l'est et le sera l'inégalable Don Quichotte, lequel ayant reçu hier l'ordre de chevalier, dès aujourd'hui a redressé le plus énorme tort qu'aient inventé l'injustice et la cruauté, en arrachant le fouet aux mains de cet impitoyable bourreau qui déchirait indûment la chair de son frère en Jésus-Christ. Mais je le vois venir. Approche-toi, Jérémie.

JÉRÉMIE

Vous me 'econnaissez?

DON QUICHOTTE

Témoigne, mon fils, témoigne à la face du monde quel support tu as trouvé dans mon bras pour échapper à la violence de ton maître.

JÉRÉMIE

Et pou' 'ecevoi' des coups enco'e plus fo't qu'avant. Vous pa'ti, il s'est vengé su' moi de toute vot'e mo'ale. Il a f'appé comme jamais su' ma tête, su' mes épaules, su' mon vent'e et su' mon cul.

DON QUICHOTTE

Le traître, il me le paiera. Je t'en fais le serment solennel!

JÉRÉMIE

Ah non, ah non, ah non. Pas de se'ment. Finis les se'ments. Vous occupez plus de mon maît'e. Laissez-moi me déb'ouiller tout seul avec lui.

DON QUICHOTTE

Que puis-je faire pour toi?

JÉRÉMIE

Donnez-moi ce que vous avez, du pain ou de l'a'gent.

DON QUICHOTTE

Je n'ai ni l'un, ni l'autre, car il ne sied pas à un chevalier errant de toucher à une seule pièce de la monnaie du diable. Quant au pain, sache que nous nous en passons, endurant vaillamment la misère et la faim.

JÉRÉMIE

Dans ce cas-là, laissez le monde où ils sont comme ils sont et vous mêlez pas de leu's affai'es, sac'ament.

Il fait un geste grossier et sort.

DON QUICHOTTE

L'ingratitude est le lot des chevaliers errants. Mais il m'importe. Sûr de mon bon droit, je poursuivrai ma route.

SCÈNE V

LES PIQUE-NIQUEURS

Le paysage change. Référence: Déjeuner sur l'herbe. *Renoir. Maupassant. Musique de Chabrier ou Léo Delibes. On voit apparaître trois couples de pique-niqueurs: Hortense et Léon, Émilienne et Monsieur Charles, Julie et Freyssinet. Scène de folâtreries champêtres. Don Quichotte d'un coin de plateau les observe un long moment.*

HORTENSE

Ici.

ÉMILIENNE

Non! Ici.

MONSIEUR CHARLES

Non, ici, Émilienne. Au bord de l'eau et vite, je meurs de faim.

Ils sortent la nappe à carreaux et les provisions.

JULIE
(se dégageant des bras de Freyssinet)

Freyssinet, vous êtes un fripon.

FREYSSINET

Oh Julie, ma belle Julie vous m'affolez. Je n'en peux plus.

HORTENSE
(poussant un cri)

Léon. Au secours.

LÉON

Qu'y a-t-il?

HORTENSE

Une mouche, un moustique, une araignée, une guêpe. Sous ma chemise.

LÉON

Laissez-moi faire, Hortense Labelle.

HORTENSE

Ne profitez pas de l'occasion.

LÉON

M'en croyez-vous capable?

HORTENSE

Mais je l'espère bien.

MONSIEUR CHARLES

Belle Émilienne, ces pêches ont la peau moins douce que la vôtre et voyez comme je croque dedans.

ÉMILIENNE

Ah, Monsieur Charles, flatteur, vous me faites envie, donnez-moi-z-en la moitié, gros cochon!

Don Quichotte fonce, la lance en avant.

DON QUICHOTTE

Haaaalte! Que tout le monde s'arrête et gare à ma lance si tout le monde ne confesse pas à l'instant qu'il n'y a dans le monde demoiselle plus belle que l'impératrice de la Manche, l'immaculée Dulcinée du Toboso.

JULIE
(battant des mains)

Bravo. Bravo. Ça, c'est une entrée magnifique!

ÉMILIENNE

Dulcinée du Toboso, connais pas. Où est-ce qu'elle travaille, celle-là?

FREYSSINET

Et vous-même, où avez-vous trouvé du si beau linge?

HORTENSE

C'est pour un bal masqué?

MONSIEUR CHARLES

Bon, ça va faire. À table tout le monde!

DON QUICHOTTE

Haaaalte! Rendez hommage sur-le-champ à la belle, à la céleste Dulcinée.

LÉON

Seigneur cavalier, nous ne savons pas qui est cette belle femme dont vous parlez. Faites-nous-la voir et si elle est d'une beauté aussi incroyable, je vous le jure, nous lui rendrons nos hommages.

DON QUICHOTTE

Non. Ce qui importe, c'est que, sans la voir, vous croyiez, confessiez, affirmiez, juriez qu'elle est incomparable. Sinon, en garde et en bataille, gens orgueilleux et démesurés, je vous attends dans la lice et vous ferai convenir par la force qu'auprès de Dulcinée du Toboso, toute autre femme n'est qu'une souillon de village.

FREYSSINET

Monsieur, ce que vous dites là est fort insultant pour les impératrices de Castille et d'Aragon, sans compter nos reines de beauté, ici présentes. Mais si vous vouliez bien nous montrer un portrait de cette dame, peut-être que nous pourrions vous donner satisfaction. Je crois même qu'à l'avance nous sommes tellement bien disposés en sa faveur que si son portrait nous faisait voir qu'elle a le dos bossu, les fesses à terre, du poil au menton, les dents croches, un œil borgne et l'autre qui distille du soufre et du vinaigre nous dirions à sa louange tout ce qui vous plaira.

DON QUICHOTTE

Elle ne distille rien, canaille infâme, elle n'exhale que du musc et de l'ambre. Elle n'est ni tordue ni bossue mais plus droite qu'un fuseau de Guadarrama et vous allez payer le blasphème énorme que vous venez de proférer. Aaaaah!

Il fonce, mais Rossinante s'enfarge dans la nappe de pique-nique, tandis que le monde s'écarte en poussant des cris. Don Quichotte tombe, essaie de se relever mais, encombré dans son armure, il tombe à nouveau.

DON QUICHOTTE

Ne fuyez pas, poltrons, vils esclaves. Prenez garde que ce n'est pas par ma faute mais par celle de mon cheval que je suis étendu à terre!

Monsieur Charles est tanné. Il intervient.

MONSIEUR CHARLES

Celui-là, il commence à me tomber sur les nerfs.

Il brise la lance en morceaux et en frappe Don Quichotte.

ÉMILIENNE

Monsieur Charles, ne le tuez pas!

MONSIEUR CHARLES

Le fatiguant, il nous a gâché le dîner.

(Avec un jambon il frappe à nouveau Don Quichotte qui s'effondre.)

ÉMILIENNE

Arrêtez. Arrêtez. Je vous en prie.

LÉON

Venez-vous-en vous autres. On va s'installer plus loin.

HORTENSE

(se sauvant)

Aïe, Léon. Léon. La guêpe. Elle est revenue.

LÉON

J'arrive. Hortense, attendez-moi!

Ils sortent.

JULIE

Freyssinet, aidez-moi à tout transporter.

MONSIEUR CHARLES

Maudite race de maudits fous de bavasseux. Pas capable de laisser le monde tranquille.

Il va pour frapper Don Quichotte. Émilienne l'arrête.

ÉMILIENNE

Monsieur Charles, voulez-vous de ma pêche? Ça vous tente?

MONSIEUR CHARLES

Ça me tente, oui ça me tente, certain que ça me tente.

Ils sortent tous. La place est nette. Don Quichotte, au sol, gémit.

DON QUICHOTTE

Ô ma dame, où es-tu que mon mal te touche si peu. Ou tu l'ignores ou tu es fausse et déloyale. *(Entre Pierre Alonzo.)* Ô noble marquis de Mantoue, mon oncle et Seigneur!

PIERRE ALONZO

Hein? Heye, ma foi du bon Dieu, qui vous a mis dans cet état?

DON QUICHOTTE

Oh, noble marquis de Mantoue, je suis Baudoin le malheureux. Je suis le More Aban Danaes que le gouverneur d'Antequera emmène enchaîné dans son château où l'attend la belle Xarifa. Mais il faut que je vous le dise en secret, Don Roderigo de Narvaes: Xarifa, dont je viens de parler, est devenue la charmante Dulcinée du Toboso pour qui j'accomplirai les plus fameux exploits de chevalerie qu'on ait vus, qu'on voit et qu'on verra dans le monde.

PIERRE ALONZO

Permettez-vous donc. Là. Là. Je ne suis pas Roderigo de Narvaes. Je ne suis pas non plus le marquis de Mantoue. Regardez-moi bien. Je suis Pierre Alonzo votre voisin. Et vous, vous n'êtes pas le More Aban Danaes, ni Baudoin le lépreux. Mais tout simplement le Seigneur Quijano qui habite la dernière rue de notre village.

DON QUICHOTTE

Illusions! Je sais qui je suis et je sais que je puis être non seulement tous ceux que j'ai dits mais encore les douze pairs de France et les neuf chevaliers de la renommée puisque tous leurs exploits n'égaleront jamais les miens.

PIERRE ALONZO

Oui. Oui. Oui. Je suis bien d'accord. Laissez-moi faire.

Il charge Don Quichotte sur Rossinante et le pousse au dehors.

SCÈNE VI

L'AUTODAFÉ

Musique wagnérienne. Percussions et cuivres. Entrée rapide de la gouvernante, la nièce, Nicolas et le curé.

LA GOUVERNANTE

Ce sont ses livres, Monsieur le curé, ses livres qui l'ont rendu fou.

ANTONIA

Monsieur le curé, mon oncle passait parfois deux jours et trois nuits sans quitter la chambre à lire tous ces livres abominables. Et par moments, il se levait d'un coup, il prenait son épée et il frappait avec contre les murs.

NICOLAS

Ah! ça, il lisait beaucoup, Monsieur le curé.

LA GOUVERNANTE

Ces livres qui pervertissent la jeunesse et font perdre l'esprit à des gens d'âge mûr comme mon maître, Monsieur le curé.

ANTONIA

Puis, Monsieur le curé, quand il retombait sur son lit épuisé de fatigue, il disait qu'il avait tué 4 géants grands comme 4 tours, et la sueur qui lui coulait de partout, il disait que c'était le sang de ses blessures.

NICOLAS

Puis il me demandait un grand verre d'eau fraîche, Monsieur le curé, et hop tout d'un coup il était guéri et frétillant comme un poisson, Monsieur le curé, et il recommençait aussitôt à mener la danse, Monsieur le curé.

LA GOUVERNANTE

S'il y avait un gouvernement dans ce pays, Monsieur le curé, on devrait interdire tous ces livres qui troublent la santé des esprits et la tranquillité publique.

LE CURÉ
(se déchaînant furieusement)

Ad dei gloriam et filii sui, juro et adjuro et conjuro librem quemque, stirpem veneni et maliciorum, extirpandum, lacerandum, destructandum et carburandum esse.

Musique démoniaque à la Moussorgski. Effet de fumée. Apparitions des masques et bannières de procession. Pénitents, chaudrons rougeoyants, croix de feu du ku-klux-klan. Référence: L'enterrement de la sardine *et* Les caprices *de Goya.*

LA GOUVERNANTE
(un livre à la main)

Prouesses d'Espandion, fils légitime d'Amadis de Gaule.

LE CURÉ

Au feu!

TOUS

Au feu!

NICOLAS

Florismars d'Hircanie.

TOUS

Au feu!

ANTONIA

Le chevalier de la croix.

LE CURÉ

Un nom aussi saint mériterait grâce. Mais n'oublions pas le dicton: Derrière la croix se tient le diable. Au feu!

TOUS

Au feu!

ANTONIA

Histoire horrible du géant Jacques Duchesne qui se révolta contre le Prince des Asturies.

LE CURÉ

Bien que le Prince des Asturies ait été un tyran sanguinaire, Jacques Duchesne ira au chaudron car il n'est pas bon d'exalter la révolte. Au feu!

TOUS

Au feu!

NICOLAS

Les damnés de la terre.

LE CURÉ

N'en dites pas plus. Car les damnés vont en enfer. Au feu!

TOUS

Au feu!

LA GOUVERNANTE

Les mystères de l'amour.

LE CURÉ

Le mot mystère devrait nous rendre indulgents. Mais il y a si près du mystère à la mystification que nous agirons sans faiblesse. D'ailleurs l'auteur est juif. Au feu!

TOUS

Au feu!

LE CURÉ

Et ne faisons plus le détail. Désormais tout livre de fiction délirante, tout écrit capable de séduire, exalter, aliéner et pervertir l'imagination des foules passera par le bûcher de notre Saint-Office. Au feu!

TOUS

Au feu! Au feu! Au feu!

L'excitation est à son comble. On entend résonner des coups à la porte. En un tournemain, le ménage se fait. Tous disparaissent en courant, sauf la gouvernante et la nièce Antonia. Apparaît Don Quichotte poussé par Pierre Alonzo.

DON QUICHOTTE

Ouvrez! Ouvrez la porte au Seigneur Baudoin et au Seigneur marquis de Mantoue, à tous les pairs de France et au Seigneur More Aban Danaes qu'amène prisonnier le valeureux Seigneur Roderigo de Narvaes, gouverneur d'Antequera.

Je viens grièvement blessé, par la faute de mon cheval qui s'est abattu sous moi tandis que je combattais contre dix géants les plus démesurés et les plus formidables qui se puissent rencontrer à la surface de la terre.

Qu'on me porte à mon lit et qu'on appelle la sage Urgande pour qu'elle vienne panser mes blessures.

LA GOUVERNANTE

Allons, Seigneur. Soyez le bienvenu. Votre lit est prêt et sans attendre votre Urgande, nous saurons bien vous soigner.

Maudits soient à jamais ces livres de chevalerie qui ont mis votre grâce dans cet état!

Assoyez-vous sur le bord qu'on vous tire les bottes.

DON QUICHOTTE

Où sont mes livres?

ANTONIA

Quels livres?

LA GOUVERNANTE

Vos livres! Vos livres! Il n'y a plus de livres, le diable a tout emporté.

DON QUICHOTTE

Que dites-vous? Le diable?

ANTONIA

Ce n'était pas le diable mais un enchanteur qui est venu ici à cheval sur un serpent à plumes. Il s'est jeté sur les livres en hurlant et je ne sais pas ce qu'il a fait avec, mais quand nous l'avons vu s'envoler par la toiture au milieu de la fumée, il nous a dit qu'il haïssait le maître des livres et qu'il avait voulu lui démontrer sa puissance. Il a dit aussi qu'il s'appelait le Seigneur Mugnaton.

DON QUICHOTTE

Tu veux dire Freston?

LA GOUVERNANTE

Freston, friton, raton, creton, je ne sais plus. En tous cas, c'est en ton que finit son nom.

DON QUICHOTTE

Je le connais, c'est Freston mon ennemi mortel. Un savant enchanteur aux magies redoutables. Il sait par divination que dans la suite des temps je dois le vaincre en combat singulier sans que sa science puisse rien empêcher. C'est pour cela qu'il cherche aujourd'hui à me mortifier. Mais je l'informe qu'il ne pourra ni contredire ni éviter ce qu'a ordonné le ciel.

LA GOUVERNANTE

Personne n'en doute. Pour le moment reposez-vous et dormez.

ANTONIA

Mon oncle, pourquoi vous mêlez-vous à toutes ces querelles? Pourquoi ne restez-vous pas tranquille chez nous à jouir de la vie tout simplement?

DON QUICHOTTE

Ma jeune enfant, que sais-tu de la vie?

LA GOUVERNANTE

Bon, tous les deux. C'est pas le moment de placoter philosophie. Laisse ton oncle se reposer, Antonia. Et vous Monsieur, dormez.

Elles sortent après avoir fermé les rideaux de l'alcôve. La lumière change et devient fantastique. L'alcôve s'avance lentement vers le public tandis qu'une guitare chante.

DON QUICHOTTE

Solitude! Même ces fameux compagnons de combats et de gloire qui peuplent mes livres me sont enlevés par les malices de l'enchanteur Freston. Le lâche, il craint ma venue, il sait que rien ne peut m'abattre, qu'un jour, bientôt, demain peut-être, je repartirai de par le monde en quête de sublimes aventures. *(Il saute sur le lit, l'épée à la main, et se met en position de combat.)* Freston, vil larron, vous connaîtrez la force de mon nom! *(Il plonge son épée dans un oreiller et la brandit bien haut. Dans ses mouvements furieux, il a fait tomber le rideau de l'alcôve.)* Le monde dort. Tout le monde dort. Je suis entouré de dormeurs alors que la vie regorge de hasards et d'exploits propres à illustrer un noble bras et lui donner une renommée éternelle!

SCÈNE VII

SANCHO PANZA

La lumière a encore changé. Le lit rayonne dans tous les sens. La guitare joue. Quelques plumes blanches tombent ça et là du plafond. Dulcinée transfigurée, semblable à une madone de Giotto ou une icône orthodoxe avec son auréole d'or, une patate à la main, apparaît au loin dans un grand cadre richement décoré et rayonnant lui aussi.

DON QUICHOTTE

Amour, amour, qu'importe ma vie
Si ma vie en ton amour se meurt
Amour, amour, qu'importe ma mort
Si ma mort en ton amour revit.

Sommeil, ombre des jours, nuit de l'Amour
Toi qui éteins la lumière de mon cœur
Sommeil de mort et de noirceur
Cède au soleil qu'éveillent mes ardeurs.

Lumière unique, en qui ma nuit se fonde!

Je meurs de vivre en clarté si profonde
Que tes rayons me dérobent le jour
Et que ma nuit rayonne en ton amour!

Pendant ce passage suprêmement poétique, une longue trace de lumière comme celle que fait une porte qui s'ouvre s'est dessinée sur le sol; Sancho Panza y est apparu et s'approche de Don Quichotte.

SANCHO

Joli. C'est très joli ce que vous racontez là. J'y comprends pas une miette mais franchement c'est joli *(Don Quichotte le regarde intensément.)* Je dis ça pour parler. Comme dit le proverbe: Entre l'arbre et l'écorce, faut pas mettre le nez. *(Silence. Don Quichotte fixe Sancho.)* Bon, ben, je vais y aller. Bonjour!

DON QUICHOTTE

Toi!

SANCHO

Heye! Qu'est-ce que j'ai fait?

DON QUICHOTTE

Tu n'as pas encore fait mais tu vas faire.

SANCHO

Arrêtez donc de me regarder de même. Ça me met tout à l'envers.

DON QUICHOTTE

Apprends mon ami que le destin t'a désigné aujourd'hui pour devenir mon fidèle écuyer.

SANCHO

Écuyer, c'est quoi ça? Comment ça paye?

DON QUICHOTTE

Tu me suivras de par le monde en quête d'aventures. Tu connaîtras la gloire des rois et le trésor de l'immortalité...

SANCHO

Il n'est trésor que de bon or.

DON QUICHOTTE

Et lorsque j'aurais conquis le royaume d'Ultracuculibondus, je te ferai gouverneur d'une île.

SANCHO

Gouverneur d'une île. C'est bon ça. Savez-vous que ça m'intéresse? Gouverneur? Certain que ça m'intéresse, on m'a toujours dit que je manquais pas de gouverne.

DON QUICHOTTE

Haut les cœurs. Partons, mon ami. Partons à l'instant même, sans éveiller les ennemis du plus impétueux des chevaliers errants.

SANCHO

Wooh! Wooh! Wooh! Une minute. Vous avez des ennemis? Beaucoup d'ennemis?

DON QUICHOTTE

La terre en est pleine. Ils m'attendent partout. Ils me guettent à chaque détour du chemin et mon état de chevalier errant m'impose de les défier tous en combat singulier, de déchaîner sur eux la fureur et mes armes et de leur faire mordre la poussière. Ah! quels carnages épouvantables tu vas connaître étant mon écuyer.

SANCHO

Une question, Dites-moi donc, Monseigneur, simple question, juste pour savoir de quoi il retourne, l'écuyer d'un chevalier errant, est-ce qu'il est obligé lui aussi de faire tout ce que vous dites là: le carnage épouvantable, la fureur des chemins, la poussière qui mord et les détours singuliers?

DON QUICHOTTE

Hélas non, mon bon ami, rien ne t'y oblige. N'en sois pas trop découragé!

SANCHO

Pas découragé, pantoutte.

DON QUICHOTTE

À moins que tu ne veuilles recevoir l'investiture d'écuyer errant. Auquel cas tandis que je me battrai avec le maître, toi, tu battras avec le valet.

SANCHO

Je pense que ça peut attendre. Qui veut aller loin ménage sa monture.

DON QUICHOTTE

Va donc chercher ton coursier et t'apprête à me suivre.

SANCHO

J'ai une femme et des enfants.

DON QUICHOTTE

Quitte ta femme. Quitte tes enfants. Un jour, grâce à toi, ils seront puissants et honorés dans l'île dont tu seras devenu le prince gouverneur. *(Sancho éclate de rire.)* Pourquoi ris-tu?

SANCHO

Parce que je pense.

DON QUICHOTTE

À quoi penses-tu?

SANCHO

À une chose comique.

DON QUICHOTTE

Laquelle?

SANCHO

Je pense que si je deviens Prince gouverneur, ma ménagère, ma Teresa Maria Gutteriez, deviendra Princesse gouverneuse.

DON QUICHOTTE

Certes.

SANCHO

Et bien ça c'est comique. Maria Teresa gouverneuse. Et mon gamin, gouvernaillon. Et ma fillette gouvernaillette. Ça je peux bien vous le dire, c'est comique au boutte.

DON QUICHOTTE

Ne rapetisse pas ton esprit, mon brave. De grandes choses nous attendent. Hâte-toi. Nous partons.

SANCHO

Correct. Je vais chercher ma monture.

DON QUICHOTTE

Comment t'appelles-tu?

SANCHO

Sancho Panza!

Il sort. Don Quichotte radieux monte sur Rossinante et fait un tour de piste.

DON QUICHOTTE

Me voici donc pourvu d'un écuyer servant. Allons mon âme, exalte-toi. Nul n'égalera jamais la gloire de Don Quichotte de la Manche, de Rossinante son noble palefroi, de Sancho Panza son écuyer valeureux...

Sancho Panza arrive sur son tricycle et fait lui aussi un tour de piste.

SANCHO

Et de son âne Grison, le fruit de mes entrailles, le joujou de mes enfants, les délices de ma femme, future gouvernoresse, le compagnon de tous les plaisirs et de toutes les fatigues de ma vie campagnarde.

DON QUICHOTTE

Je ne sais si dans les romans anciens il s'est déjà trouvé un écuyer de chevalier errant monté sur un âne. Mais c'est sans doute que le destin nous attendait pour écrire un nouveau chapitre au livre immense et éternel de la chevalerie.

SANCHO

Certainement.

DON QUICHOTTE

En avant, le monde est à nous!

SANCHO

Hue!

Ils sortent dans le déchaînement des timbales.

SCÈNE VIII

LES MOULINS À VENT

On voit apparaître sur la toile de fond un paysage de collines plantées de moulins à vent au repos. Entre Don Quichotte suivi de Sancho.

DON QUICHOTTE

La fortune conduit nos affaires mieux que ne pourrait y réussir notre désir même. Regarde, ami Sancho, voilà devant nous au moins trente démesurés géants auxquels je pense livrer bataille et ôter la vie à tous tant qu'ils sont.

SANCHO

Où ça?

DON QUICHOTTE

Devant nous te dis-je. Avec leurs dépouilles nous commencerons à constituer notre trésor de guerre, car c'est acte légitime de s'enrichir du butin enlevé à l'ennemi et c'est grandement servir Dieu que de faire disparaître une si mauvaise engeance de la surface de la terre.

SANCHO

Quels géants?

DON QUICHOTTE

Ceux que tu vois là-bas avec leurs grands bras, prêts à brandir leurs armes fabuleuses.

SANCHO

Excusez-moi, Monsieur, ce que nous voyons là-bas, c'est pas des géants, c'est des moulins à vent, et ce qui paraît leurs bras c'est leurs ailes. Quand il y a du vent, elles tournent et en tournant elles font tourner la pierre du moulin. Ce qui produit la farine. Car, comme dit le proverbe: Pierre qui roule n'amasse pas mousse.

DON QUICHOTTE

On voit bien que tu n'es pas expert en fait d'aventures. Ce sont des géants te dis-je. Donne-moi ma rondache.

SANCHO

Monsieur!

DON QUICHOTTE

Donne! Et si tu as peur, ôte-toi du chemin. Va te mettre en oraison sur quelque tertre tandis que je livrerai à l'ennemi une inégale et terrible bataille.

Des ventilateurs de chantier commencent à agiter la toile de fond où les ailes des moulins se mettent à tourner.

SANCHO

Le vent se lève. Approchez-vous pas, vous allez vous faire couper la tête.

DON QUICHOTTE

Gardez-vous de fuir, lâches et viles créatures. C'est un seul chevalier qui vous attaque.

SANCHO

Mon maître, jouez pas au fou. C'est des moulins à vent. Si vous voyez pas ça, c'est que vous en avez d'autres dans la tête.

DON QUICHOTTE

Poltrons maudits, quand même vous remueriez plus de bras que le géant Briarée, vous me paierez sur-le-champ la rançon de votre couardise. Aaaaaah!

SANCHO

Miséricorde!

Don Quichotte fonce dans la toile de fond qui lui tombe dessus. Il se débat dans les lambeaux en donnant de grands coups. Une perche tombe des cintres. Une autre décrochée bat l'air comme une aile de moulin. Un court-circuit fait une explosion. Les quatre ventilateurs, maintenant apparents, font voler des tas de choses. On entend une voix de machiniste qui sacre... Une perche remonte. Don Quichotte, ou un mannequin à sa taille, y est accroché. Arrivé là-haut, il en tombe avec un grand cri. Émoi sur le plateau. Tout le personnel de scène et les comédiens assistent effarés à la destruction qui empire. Don Quichotte émerge des toiles, fait quelque pas de boxeur groggy et s'effondre dans les bras de Sancho.

DON QUICHOTTE

Aaaah!

SANCHO

Ça a pas de bon sens. Il faut quand même faire attention aux choses. C'est pesant, ça fait mal, ça peut tuer.

DON QUICHOTTE

Paix. Paix mon bon Sancho. Les actes de la guerre sont sujets à des chances continuelles. Le savant Freston qui m'a volé mes livres a changé ces géants en moulins pour m'enlever la gloire de les vaincre. Mais en fin de compte, son art maudit ne prévaudra pas contre la bonté de mon épée. *(Il se redresse et regarde tout autour de lui. Il pousse un cri terrible:)* Sancho! Où sommes-nous?

SANCHO

Viens-t'en.

DON QUICHOTTE

Freston l'enchanteur me poursuit en déchaînant sur moi le brouillard de ses illusions. Mais il n'importe, car j'ai pour moi les lumières de la vérité et l'amour incorruptible de la belle Dulcinée du Toboso!

Il s'évanouit.

SANCHO
(à d'autres comédiens)
Aidez-moi. Il faut clairer la place.

On emporte Don Quichotte vers les loges. Moment de confusion.

ANNONCE AU MICRO
Excusez-nous. Nous allons interrompre la représentation durant quelques instants, pour nous donner la chance de réparer les dégâts. Aussitôt que nous le pourrons-nous reprendrons la suite des Aventures de Don Quichotte, et de Sancho Panza.

Fin de la première partie

DEUXIÈME PARTIE

SCÈNE IX

GINÈS DE PASSAMONT

Durant l'entracte on a tout réparé. On retrouve Don Quichotte assoupi aux pieds de Rossinante. À côté de lui, Sancho mange du fromage blanc qu'il a mis dans le casque de Don Quichotte. Don Quichotte se dresse brusquement.

SANCHO

Bonjour, Monsieur. Avez-vous bien dormi?

DON QUICHOTTE

Apprends Sancho qu'un chevalier errant ne dort pas, il rêve. Et en rêve, il agit.

SANCHO

Au fond vous autres, les chevaliers errants, ça fait pas une bien grosse différence quand vous dormez ou quand vous dormez pas. Vous vivez en rêvant et vous rêvez en vivant.

DON QUICHOTTE

Mon bon écuyer, je remarque que de jour en jour ton esprit s'éveille et s'humanise.

SANCHO

Faut bien. Vous déteignez sur moi. C'est comme le linge dans le chaudron à lessive. La couleur mange le blanc, disait ma mère.

DON QUICHOTTE

C'est aussi que tu tires leçon de toutes les aventures que nous avons déjà vécues ensemble.

SANCHO

Je pense bien. Mais vous itou vous devriez prendre votre leçon dans tout ce qui nous arrive et si vous voulez me croire, vous ne vous battrez plus jamais contre des moulins à vent.

DON QUICHOTTE

Ne me parle plus de cette épreuve étrange dont le souvenir risquerait de troubler mon âme. D'autres aventures s'en viennent où ma valeur triomphera contre le mauvais vouloir de tous les enchanteurs. *(On entend au loin un chant russe.)* Que te disais-je? Cette rumeur qui vient du bout du monde m'invite à réveiller mon courage. Donne-moi ma cuirasse, mon épée, ma lance. *(Sancho aide Don Quichotte à s'armer.)* Mon casque!

SANCHO

Votre casque?

DON QUICHOTTE

Dépêche-toi.

SANCHO

Vous le voulez?

DON QUICHOTTE

Vite.

SANCHO

Tenez. Prenez-le.

Don Quichotte se coiffe du casque rempli de fromage.

DON QUICHOTTE

En selle! *(Il monte sur Rossinante et s'immobilise pétrifié.)* Sancho, que m'arrive-t-il? J'ai le sentiment que mon crâne se ramollit et que ma cervelle fond. Je transpire. Mais, par ma foi, ce n'est pas de peur. Donne-moi un linge pour m'essuyer les yeux car la sueur m'aveugle. La tête me gèle.

SANCHO

Pas étonnant. Le fond de l'air est frais.

Don Quichotte enlève son casque et tâte le fromage.

DON QUICHOTTE

Traître, impudent profanateur, écuyer maudit. *(Il lui jette du fromage à la figure.)* C'est du fromage mou que tu as mis dans mon casque au mépris de cette armure consacrée sur l'autel.

SANCHO

(reprenant le casque)

Comment ça du fromage? *(Il en mange à pleine main.)* Mon maître, vous vous trompez grossièrement. Ce que vous avez pris pour du fromage, c'est la chiure des oiseaux qui se sont logés dans votre casque durant votre sommeil.

DON QUICHOTTE

Explique-moi donc...

SANCHO

Les enchanteurs! Vous avez vos enchanteurs. Eh bien, moi aussi, j'ai les miens. Ce sont eux qui ont transformé en fromage mou ce qui n'est en réalité que de la merde de pigeon. Eh bien moi, je la mange, Monseigneur. C'est écœurant mais je la mange pour ne pas contrarier vos imaginations.

DON QUICHOTTE

Tout est possible! Les enchanteurs sont partout!

SANCHO

C'est bien évident. Reprenez votre casque, il est nettoyé. Mais dites-moi, Monsieur, vous, vous n'avez jamais faim.

DON QUICHOTTE

Apprends, Sancho, que c'est la gloire et le privilège des chevaliers errants de pouvoir rester plus d'un mois sans manger. Dans aucun livre je n'ai trouvé mention qu'ils mangeassent si ce n'est à quelques somptueux banquets que leur offraient un noble prince ou une noble princesse de rencontre. Le reste du temps ils se nourrissent du vent qui court et de la rosée du matin.

SANCHO

Eh bien, je vous souhaite bon appétit. Comme dit le proverbe : Rosée du matin n'arrête pas le pèlerin.

DON QUICHOTTE

Vois ces gens qui s'approchent et avec eux, je le sens, quelque nouvelle aventure.

Entrent 4 forçats et un gardien. Référence : Tolstoï, Dostoïewski. Haleurs de la Volga. Sibérie. Chaque prisonnier traîne deux gros boulets.

LE GEÔLIER

Écartez-vous. Laissez passer la justice du tsar.

GINÈS

L'injustice du tyran !

LE GEÔLIER

Silence !

Il jette Ginès à terre.

DON QUICHOTTE

Seigneur chevalier, qui est cet homme que vous jetez si violemment au sol ?

LE GEÔLIER

C'est un bandit célèbre que je mène aux galères.

DON QUICHOTTE

Quels grands crimes a-t-il donc commis?

LE GEÔLIER

Vol à main armée, désertion, attaque de banque, enlèvement et séquestration de diplomates étrangers, piraterie, conspiration séditieuse, rébellion, trouble public. La liste est longue. C'est le fameux Ginès de Passamont ou si vous voulez, Ginésille de Parapilla.

GINÈS

N'écorchez pas mon nom, gros bœuf, je m'appelle Ginès et non Ginésille. Passamont et non Parapilla. Mon nom est à moi. Dans l'état dépouillé où je me trouve momentanément c'est, la seule chose permanente qui m'appartienne. Car qu'est-ce que Ginès de Passamont? Une tête, un cœur et un nom. Mon nom est un trésor que vous m'enviez à raison, n'ayant qu'un uniforme et son numéro pour vous désigner. Quant au cœur et à la tête, disons que ce n'est pas ce qui vous rend pesant.

LE GEÔLIER

Silence!

GINÈS

Monseigneur, laissez passer notre cortège. Ginès de Passamont et ses collègues vous saluent bien bas. Un jour vous en aurez davantage en lisant mon livre.

DON QUICHOTTE

Tu écris un livre?

GINÈS

Je l'écris tous les jours.

DON QUICHOTTE

Quel est le titre de ce livre?

GINÈS

La Vie Aventureuse de Ginès de Passamont.

DON QUICHOTTE

Est-il fini?

GINÈS

Comment peut-il l'être puisque ma vie ne l'est pas? Je n'en suis qu'aux premiers chapitres.

DON QUICHOTTE

Tu as de l'esprit.

GINÈS

Et bien du trouble. Car le trouble poursuit toujours l'esprit.

LE GEÔLIER

Tu veux dire la scélératesse. Seigneur, ce bandit et ses compagnons viennent de se faire prendre en donnant l'assaut à la Banque Impériale. Ils n'ont que le salaire qu'ils ont mérité.

GINÈS

Ne parlons pas de mérite et de salaire, gros bœuf. À qui devez-vous votre salaire? À la Banque Impériale ou aux honnêtes bandits que vous menez aux galères? C'est nous qui assurons votre pain quotidien.

LE GEÔLIER

Toi mon bonhomme, je vais te faire manger ta claque!

DON QUICHOTTE

Ne vous mettez pas en peine, Seigneur geôlier. Il est juste que celui qui a les mains si bien attachées ait du moins la langue un peu libre. D'ailleurs cet homme, quel tort vous a-t-il fait personnellement? Aucun. Quel tort a-t-il causé à la Banque Impériale? Aucun, son entreprise ayant échoué. Et quand bien même eût-elle réussi, quel dommage en aurait subi la Banque Impériale? N'aurait-elle pas été remboursée de ses pertes en vertu des assurances précédemment souscrites? Je proclame donc ce pécheur innocent. Qu'il reste seul avec son péché et que Dieu le juge. Il n'est pas juste en effet que des hommes incertains, médiocres et corruptibles — car c'est le lot de la nature humaine — usurpent ici-bas la place de Dieu et se fassent les bourreaux d'autres hommes quand ils n'ont ni leurs biens ni leurs vies à défendre.

En foi de quoi je vous prie, Seigneur Grosbœuf, si tel est votre nom, de laisser aller cet homme en paix. Si vous ne le faites pas de bonne grâce, cédant aux arguments de la charité chrétienne, cette lance et cette épée maniées par mon bras valeureux vous forceront bien à m'obéir.

SANCHO

Eh, Monsieur, vous êtes fou, c'est la police.

LE GEÔLIER

Monsieur ôtez-vous de delà et n'allez pas chercher cinq pattes à notre chat!

SANCHO

Il a raison. Foutons le camp.

DON QUICHOTTE

C'est vous qui êtes le chat, le rat, le goujat et le forçat. *(Il l'étourdit. Le geôlier tombe à terre K.O.)* Sancho, mon écuyer, délivrez ces hommes.

SANCHO

Comment?

GINÈS

Les clefs. Dans sa poche.

Sancho délivre les galériens. Le gardien se réveille, des galériens le poursuivent en se servant de leurs boulets comme de boules de bowling.

SANCHO

Oye oye oye. Quelle histoire. Quelle histoire. Mon bon maître, ne restons pas sur place. Toutes les armées du tsar vont nous courir au cul.

GINÈS

Seigneur chevalier, qui que vous soyez, vous aurez bonne place dans mon livre.

DON QUICHOTTE

Et toi dans le mien, sois en sûr.

GINÈS

Plus fou que vous, je n'en ai jamais vu.

Il se sauve.

DON QUICHOTTE

Considère, Sancho, que c'est le destin des chevaliers errants de se faire nommer fous alors même qu'ils n'agissent qu'avec sagesse, justice et réflexion.

SANCHO

En tous cas, c'est plus le temps de niaiser. Allons nous cacher dans la montagne.

DON QUICHOTTE

Nous irons à la montagne. Mais non pour nous y cacher, craignant d'affronter la bataille. De plus hautes pensées m'habitent et la montagne conviendra à leur altitude. En route pour la sierra Morena!

SANCHO

Au plus sacrant!

Ils sortent.

SCÈNE X

LES COMÉDIENS

Grand vent de la sierra. Paysage montagneux. On entend une chanson à plusieurs voix. Entre la charrette des comédiens. Ils sont tous costumés et maquillés. Il y a la directrice-reine, Angulo le metteur en scène, l'ange aux ailes peintes. Hélène de Troie, Ulysse, la pauvresse, le diable, le fou.

ANGULO

On s'arrête ici. Dépêchons-nous, le soleil va bientôt commencer à descendre.

Les comédiens s'installent rapidement. Ils tirent de la charrette quelques accessoires. Ils vont répéter.

ULYSSE

Par où est-ce que j'entre?

ANGULO

Tu viens d'ici et tu sors par là.

L'ANGE

Et moi?

ANGULO

Tu apparais par en arrière.

HÉLÈNE
(au diable)

En tous cas, recommence pas comme tout à l'heure. Je t'avertis, Fernand Bellehumeur, si tu fais ça, j'arrête tout tout de suite et je m'en vais.

LE DIABLE

Je suis le diable!

HÉLÈNE

Diable ou pas diable, je veux rien savoir. Moi je suis Suzana Pantasso. Et puis il y a des gestes que j'accepte pas, tu entends?

LA PAUVRESSE

Mes sandales. Qu'est-ce qui a pris mes sandales? Je trouve plus mes sandales.

ANGULO

C'est pas grave. Pour le moment tu peux faire pieds nus.

ULYSSE

«Je reviens à l'instant des champs-élyséens et vais fouler le sol des hyperboréens...» Tu ne trouves pas ça un peu littéraire?

ANGULO

T'inquiète pas, ça passera dans le souffle. *(Au fou:)* Tu es prêt?

LE FOU

Une minute. Il y a mes clochettes qui se sont détachées.

ANGULO
(à Hélène)

Quand il te frappe, tu pousses un grand cri.

HÉLÈNE

Je ne veux pas qu'il me frappe.

ANGULO

Mais c'est le diable, il ne va pas te caresser les cheveux. Et puis c'est écrit comme ça.

HÉLÈNE

Depuis le début j'ai toujours dit que je voulais pas... Depuis le début... Je ne peux pas supporter qu'on me frappe.

ANGULO

C'est pourtant l'image à donner.

HÉLÈNE

Je ne supporte pas cette image.

ANGULO

Tu as accepté de jouer dans la pièce?

HÉLÈNE

Oui, mais...

ANGULO

Excuse-moi. *(Il va vers la pauvresse.)* C'est pour quoi faire?

LA PAUVRESSE

J'arrive avec le chaudron et je tape dessus avec la cuillère de bois, ça te va?

ANGULO

D'accord, très bien.

ULYSSE

(répétant un mouvement avec le diable)

Éloigne-toi, démon, et reconnais ma force.

LE DIABLE

À ce moment-là, prends-moi par la main gauche.

ULYSSE

O.K. On recommence.
«Éloigne-toi, démon, et reconnais ma force...»

LA DIRECTRICE-REINE

(à Hélène)

Tu as eu bien raison d'arranger ton costume.

HÉLÈNE

Tu trouves? Je pense qu'il me fait mieux comme ça, non?

LA DIRECTRICE-REINE

Certainement. Il cache ton ventre et il montre tes seins.

HÉLÈNE

C'est ce que j'ai de mieux!

Elles rient toutes les deux.

ANGULO

Attention. Tout le monde en place. Tintamarre!

Bruits de casseroles, guitares, cymbales, claquements de mains etc... D'un seul coup les comédiens sont autres. Ils jouent. Angulo qui s'est revêtu d'un manteau lumineux trône sur la charrette.

ANGULO — LE CRÉATEUR

«Matière inanimée, je t'appelle à la vie
Écoute ma parole, obéis sans envie.»

TOUTE LA TROUPE

Ooooooooh! AaaaaaaH!

ANGULO
(au diable)

«Tu feras l'être noir dans l'éclat de mon jour,
Le désir négateur ennemi de l'amour.»

LE DIABLE

«Je le ferai.»

ANGULO

«Toi, sans tâche et sans poids, la gardienne des âmes

Les écartant du goufre de souffre et de flammes.»

Entre, hostie.

L'ANGE

(encombré dans ses ailes)

Ça vient, calvaire. «Je la serai.»

ANGULO

«Toi la reine de Castille et du Portugal.»

LA DIRECTRICE-REINE

«Que chacun me salue en sujet et féal.»

ANGULO

«Tu seras la pauvresse écrasée par le sort.»

LA PAUVRESSE

«Je souffre de la vie et j'appelle la mort!»

Elle frappe sur le chaudron avec la cuillère de bois en poussant une très longue plainte — très longue.

ANGULO

Bon c'est très bien. Ça va. Mais pas trop longtemps. On continue. *(À Ulysse:)* «Je te donne le nom et la gloire d'Ulysse.» *(À Hélène:)* «Et toi tu ne seras que charme et que délice.»

ULYSSE

«Je reviens à l'instant des champs-élyséens
Et vais fouler le sol des hyperboréens...»
C'est quand même un peu littéraire.

ANGULO

C'est très bien comme ça. Continuez.

HÉLÈNE

«Dans les rues de Tolède et les cours madrilènes
Mon nom est réputé. Je suis la belle Hélène.»

ANGULO

«Et toi, fou, tu joueras le fou de mon empire.»

LE FOU

«Je suis fou de bonheur, fou de joie, fou de rire
Car il faut être fou pour rire sagement
De ceux qu'on nomme sages et qui vivent en déments.»

ANGULO

«Vivez, agissez tous, chacun selon son rôle
Cruel ou malheureux, faible ou fort, triste ou drôle
Abdiquant vos désirs et votre volonté
Car l'ordre du Très Haut doit être exécuté.»

Nouveau tintamarre. Tous font une danse échevelée. Pendant ce temps, Sancho puis Don Quichotte entrent.

SANCHO

Heye Monsieur. Tout vient à point pour qui sait attendre. Moi qui croyais qu'on s'ennuierait à mort dans la montagne. C'est pas vrai! C'est plein de beau monde qui font des tours de fou! Tel qui rit vendredi, dimanche ira aux fraises.

DON QUICHOTTE

Tais-toi, Sancho.

Il s'éloigne pensif.

SANCHO

Ginès de Passamont! *(En effet, Ginès de Passamont est entré.)* Eh bien pour une surprise... C'est le gros party!

GINÈS

Salut mon camarade et mon libérateur!

SANCHO

Alors, comme ça, toi aussi tu es de la fête?

GINÈS

Je suis toujours de toutes les fêtes.

SANCHO

Tu es venu comment?

GINÈS

Avec mes pieds. C'est le plus sûr moyen de transport, il ne vous fait jamais défaut.

SANCHO

Et dans la montagne en plus de d'ça!

GINÈS

Pas étonnant. La montagne c'est le lieu où se cachent les amants, les voleurs et les fous. Tous se ressemblent.

SANCHO

Explique-moi donc ce que tu dis là.

GINÈS

Le voleur vole par profession pour gagner sa vie. L'amant dérobe à sa maîtresse un cœur qu'il n'a pas mérité avant de lui ravir le trésor de sa chasteté. Quant au fou, ne dit-on pas qu'il a volé au ciel une étoile de la lumière divine? Tous amants, tous voleurs et tous fous. Voilà la belle image que je me fais du monde.

SANCHO

Tu parles comme un livre.

GINÈS

Je m'y exerce.

SANCHO

Attention ils vont parler.

GINÈS

(montrant Don Quichotte)

Et lui?

SANCHO

Il rêve. Laisse-moi écouter.

La danse s'est achevée. Angulo majestueusement s'approche du diable.

ANGULO

«Commence donc et fais régner ta dure loi
Toi qui as renié et l'amour et la foi
Lucifer! Je t'accorde un jour d'âpre licence
Pour montrer aux humains l'odieux de ta puissance.»

Grand mime en musique de Lucifer qui jette tout le monde à terre en poussant des cris épouvantables à quoi répondent les cris de ses victimes. Sancho est extasié. Il est tellement occupé qu'il ne s'aperçoit pas que Ginès de Passamont lui vole son âne et s'enfuit.

LE DIABLE

«Reconnaissez mortels tous les pouvoirs que j'ai
J'écrase la pauvresse et corrompt la justice
Je séduis la beauté pour mieux la fustiger
J'entraîne les plus saints aux plus noirs précipices
J'y fais tomber les rois, les savants et les prêtres
Conduisant mon cortège de fourbes et de traîtres
Nul ne peut se soustraire à mon sombre appétit
Nul n'y peut résister...»

DON QUICHOTTE ET LE FOU

Vous en avez menti.

Tout le monde reste interloqué par cette intervention. Don Quichotte continue sur sa lancée.

DON QUICHOTTE

Lucifer, je te brave, te défie, te provoque
Va dans les noirs marais que ton nom seul évoque
Chercher des serviteurs pour tes œuvres de mort

En garde! Et nous verrons qui sera le plus fort

SANCHO

Eh mon dieu, recommencez pas. Ça allait bien. On avait du fun.

ANGULO

Monsieur, je vous en prie, laissez-nous travailler.

DON QUICHOTTE

Vous laisser travailler aux œuvres infernales
Jamais! Qui êtes-vous pour ainsi me braver
Et détourner mon bras de ses tâches fatales?
Qui êtes-vous? Suppôts du diable, esprits mauvais...

ANGULO

Calmez-vous, Monsieur.

LE FOU

Encore une fois je vais pas pouvoir répéter. C'est chiant. Tout simplement.

ANGULO

Laisse faire.

DON QUICHOTTE

Répondez ou je vous mets en pièces!

SANCHO

Répondez-lui, ça le calmera. Quand vient la tempête, protège ta tête.

ANGULO

Nous sommes les comédiens de la Señora Margarita Xirgú. Notre troupe s'appelle la Barraca et moi je me nomme Angulo el Malicioso. À midi nous avons joué dans le village qui est derrière cette colline et ce soir nous jouerons dans cet autre que vous voyez là-bas dans la vallée. Comme nous avons une nouvelle pièce au programme, nous profitons de ce lieu agréable pour la répéter avant notre seconde représentation.

DON QUICHOTTE

Comment s'appelle cette pièce?

ANGULO

L'intermède fort joyeux de la barque du diable.

DON QUICHOTTE

Qui en est l'auteur? Est-ce le grand Turoldus qui écrivit le geste de Roland de Roncevaux? Ou le sage Eriphylis de Thèbes qui représenta à la cour du roi Arthur les prouesses d'Espandion fils d'Amadis de Gaule ou encore l'illustre Fernando de Rojas qui conta les amours de Calixte et de Mélibée.

LA DIRECTRICE

Ma foi, non, Monseigneur. Tous ces grands noms ne sont pas de notre taille. Nous sommes des comédiens de village et nous nous contentons d'auteurs plus modestes, destinés comme nous à tomber dans l'anonymat. Voyez-vous, cher Monsieur, les jeux de théâtre que nous montrons aux gens ressemblent aux fleurs ou au plaisir d'amour. Il faut se dépêcher d'en jouir quand ils sont là présents. Mais après? Les fleurs comme les amants poussent dans l'oubli ceux qui les ont précédés.

Avant la fin de l'année, qui se souviendra de nous, de notre pièce et de l'auteur qui l'a écrite?

DON QUICHOTTE

Quel est son nom?

LA DIRECTRICE

Cervantès de Saavedra.

DON QUICHOTTE

Quelle est sa patrie?

LA DIRECTRICE

Il habite la ville d'où nous venons, Alcala de Hénarès.

DON QUICHOTTE

Eh bien je retiendrai éternellement le nom de ce bon enchanteur et celui de sa patrie, car il m'a fait voir aujourd'hui les maléfices du diable ce qui pour un chrétien est une expérience nécessaire et véritable.

SANCHO

Et puis c'est comique. Moi j'aime bien ça les choses comiques. Le diable. Aaaaah! Et puis la belle dame qui se trémousse. Et puis la robineuse avec son chaudron. Takatak. Takatak. Badaboum. Ah! Et puis l'autre avec son plumeau sur la tête. Mais dites-moi donc un peu. Vous savez tous les mots par cœur? Ça, ça doit pas être facile. Vous avez mis longtemps à apprendre tout ça?

ANGULO

Excusez-nous. C'est le temps qu'on reparte si nous ne voulons pas arriver en retard à notre rendez-vous ce qui serait une grande impolitesse envers les spectateurs qui nous attendent. En route tout le monde.

LE FOU

Alors moi, je répète pas! C'est toujours la même chose.

LA DIRECTRICE

En route!

Le fou agitant ses clochettes se précipite sur Don Quichotte monté sur Rossinante.

LE FOU

Aia ka ka ka ka ya ka! Va-t'en! Va-t'en sale bête! Aia ka ka ka kri!

Don Quichotte essaie d'arrêter Rossinante qui tire à droite et à gauche.

DON QUICHOTTE

Arrêtez. Hé Rossinante! Rossinante! Aie pas peur ce n'est qu'un fou. Arrêtez ma bête. Arrêtez-la. Aaaah!

Il est poussé en coulisses. On entend un fracas épouvantable.

SANCHO

Ou la la la! Ça fait dur!

LE FOU
Va-t'en au diable. Maudit fou!

Il rejoint le char des comédiens. Celui-ci disparaît.

SCÈNE XI

SANCHO DÉPOSSÉDÉ DE SON ÂNE

Sancho reste seul en scène. Il voit l'écrasement de Don Quichotte en coulisses.

SANCHO

Bon, il respire encore, il se relève, y'a pas trop de casse. Ça va repartir. Grison. Viens-t'en Grison. Où est-ce que tu t'es encore fourré? Grison! *(Il va s'affoler de plus en plus.)* Grison où es-tu?... Non. C'est pas possible... c'est pas vrai... Ginès de Passamont!... Maudit! *(Grande scène de désespoir.)* Ah, non, non, ne me faites pas ça, ne m'arrachez pas mon âne. Je ne peux pas vivre sans lui. Je veux mourir. Grison! *(Il pleure. Ses sanglots progressivement deviennent des hi han d'âne.)* Cet enfant, je l'ai nourri au biberon. Sa mère était morte en couches. C'est moi qui lui ai appris à marcher. Tous les matins je le menais brouter de la luzerne en cachette dans le champ à Séraphin et ensuite on allait boire de la belle eau bien fraîche à la source sous les bouleaux. Et là on faisait des folies. Comme le jour où il avait décroché la lessive de la grosse

Maria sur la corde à linge. Il s'en vient dans mon dos. Il me lèche le cou. Je me retourne. Qu'est-ce que je vois? Il avait sur la tête la brassière de la grosse Maria *(Il se met à rire.)* Comme un bonnet de bébé *(Il rit.)* Il arrivait plus à s'en défaire *(Il rit.)* Et il mâchait les cordons des deux côtés... et ça le serrait encore plus fort. Il est passé tout près de s'étouffer *(Il rit à s'en rendre malade.)* Ah, Grison! *(Il pleure à mourir.)* Grison! *(Il rit.)* Grison! *(Il pleure.)* Je vais mourir.

Don Quichotte revient sur Rossinante.

DON QUICHOTTE

Tu pleures?

SANCHO

Oh oui Monsieur. Comme un âne.

DON QUICHOTTE

De quoi pleures-tu?

SANCHO

D'amour!

Il se blottit contre Don Quichotte.

DON QUICHOTTE

Renforce ton âme, mon bon compagnon. Élève-toi dans ton affliction et retiens le torrent de tes larmes comme fit Énée quand il s'arracha de Didon.

SANCHO

Didon, Didon, c'est quoi Didon? Connais pas Didon et Néné non plus et mes torrents de friction encore moins. Il s'agit pas de mon âme, il s'agit de mon âne, mon Grison, mon tout doux, mon petit bouchon. Je pleure, là. Moi, je pleure.

Il pleure.

DON QUICHOTTE

Ton âne?

SANCHO

Je l'ai perdu. C'est votre Ginès de Passamont qui me l'a volé.

DON QUICHOTTE

Cet homme que nous avions libéré de ses chaînes! Observe bien, Sancho, jusqu'où peuvent aller la bassesse et l'ingratitude humaines. Avec toi je les déplore.

SANCHO

Moi je déplore rien du tout. Je pleure, c'est pas la même chose.

DON QUICHOTTE

Console-toi. Pour réparer la perte cruelle que tu as subie étant à mon service, je te fais cadeau de trois ânons de mon écurie, sans compter les douze coursiers d'Arabie que tu recevras le jour où tu deviendras gouverneur de ton île.

SANCHO

Parlez-moi pas trop des douze coursiers pas rapides. À ce que je comprends, ils arriveront plus tard. Mais pour les ânons, je suis d'accord. Je les prends.

Je pense même que j'aurai bien de l'allure à monter sur le plus grand et puis voir les deux petits autres qui me trottineraient sur les deux bords, l'un à droite et l'autre à gauche *(Il rit.)* Mais ça ne remplacera jamais mon pauvre Grison. *(Il pleure.)*

SCÈNE XII

LA BELLE MARCELLE

Entre un groupe de paysans portant une civière où est couché un cadavre. Il y a deux pénitents blancs en cagoules, l'un portant une croix, l'autre balançant un encensoir. Deux hommes portent la civière. Un autre, Ambroise, la suit. Murmure de prières. Entre Marcelle. Le cortège s'arrête.

AMBROISE

Qu'est-ce que tu viens faire ici ? Va-t'en. Ce n'est pas ta place.

MARCELLE

Je suis venue pleurer Chrysostome.

AMBROISE

Que tu as tué.

MARCELLE

Que je n'ai pas tué.

AMBROISE
(tirant une lettre de sa poche)

Écoute ce qu'il a écrit. On ne ment pas quand on va mourir. «C'est à toi, Marcelle, que j'adresse ces derniers mots. Je meurs par amour pour toi. Ta cruauté envers moi m'oblige à la même cruauté envers une vie que je ne suis plus capable de supporter. Tu pourras te moquer de mon geste comme tu t'es toujours moquée de mon amour. Tu pourras même en rire puisque ma mort pour toi sera une fête et te débarrassera de moi. Ris sans te gêner ou plutôt fais comme tu as toujours fait. C'est ton mépris et ton indifférence qui m'ont tué.» J'ai trouvé cette lettre auprès du corps. Elle t'était destinée. Prends-la et va-t'en.

MARCELLE

Folie! Mensonges! Délire de mots! Stupidité. Mais qu'est-ce que vous avez donc tous dans la tête, maudite race de gamins sans bon sens?

AMBROISE

Arrête-moi ça tout de suite. Si tu es venue insulter Chrysostome sur sa tombe, fais attention. N'oublie pas que j'étais son ami.

Il tire son couteau.

MARCELLE

Ton couteau ne me fait pas peur. Tu vas m'écouter. Et vous autres aussi.

Je suis née libre et je veux être libre et c'est pour vivre libre que je me suis réfugiée dans la Sierra Morena. Vous dites que je suis belle. C'est possible. Est-ce un tort d'être belle et d'exciter vos désirs? Chrysostome m'aimait, moi non. Il m'a fait la cour, je l'ai repoussé. Il a voulu me prendre, je me suis refusée. Si je m'étais donnée à lui sans amour, vous auriez applaudi. Fallait-il que je triche?

L'impatience et l'orgueil ont fait mourir Chrysostome. Est-ce ma faute? Je n'aimais pas Chrysostome. Je ne le haïssais pas non plus. Je ne pouvais pas me faire violence et le tromper.

Laissez-moi vivre ici tranquille puisque c'est ici que j'ai choisi de vivre. Parmi vous. Avec ma liberté et mes désirs.

La mort de Chrysostome me donne du chagrin comme à vous. Mais ne dites pas que c'est moi qui l'ai tué.

Elle sort en courant.

AMBROISE

Attends, Marcelle. Attends-moi!

Il va pour la rejoindre. Don Quichotte s'interpose.

DON QUICHOTTE

Que personne ne s'avise de poursuivre la belle Marcelle sous peine d'éveiller mon indignation et d'encourir ma colère. Elle est innocente de la mort de Chrysostome. Allez enterrer votre malheureux ami.

Le cortège sort. Don Quichotte reste pensif.

SCÈNE XIII

L'AMBASSADE DE SANCHO

DON QUICHOTTE

Sancho, mon enfant, ces rochers sont pleins d'amour.

SANCHO

Oui, Monsieur. Et voulez-vous que je vous dise? Le garçon qui criait si fort, là, avec son couteau, j'ai comme l'idée qu'il va prendre le chemin de Chrysostome. Car qui va souvent à la fontaine risque d'attraper la pépie.

DON QUICHOTTE

Sancho, l'emploi constant que tu fais de proverbes stupides m'est assez désagréable.

SANCHO

C'est bien possible. Même le chant du rossignol finit par fatiguer l'oreille du voisin. Oh! excusez.

DON QUICHOTTE

Une grande pensée vient de se prendre au filet de mon imagination.

SANCHO

Si tu ne veux pas qu'elle pique, écrase l'araignée au nid.

DON QUICHOTTE

Laisse-moi méditer.

SANCHO

Éditez-vous comme vous voulez. Moi je suis fatigué. Je voudrais dormir.

Il s'éloigne et se couche au sol. Musique de flamenco. Les deux rêvent chacun de leur côté.

DON QUICHOTTE

Dulcinée du Toboso, princesse lointaine, voici la grande et chaste entreprise où pour l'amour de vous va s'engager mon âme.

SANCHO

Mon âne!

DON QUICHOTTE

Encore l'appelé-je mienne à tort, cette âme qui ne m'appartient plus, puisque vous me l'avez dérobée.

SANCHO

Maudite affaire! Je me suis fait voler mon Grison.

DON QUICHOTTE

Étoile de ma vie errante!

SANCHO

Mon vieux compagnon de travail!

DON QUICHOTTE

Cap de mes caravelles!

SANCHO

Porteur de sac de patates!

DON QUICHOTTE

Haute créature de mon esprit illuminé!

SANCHO

Enfant de mes entrailles, chair de ma chair, sang de mon sang.

Silence.

DON QUICHOTTE

Sancho, tu dors?

SANCHO

J'y arrive pas, je jongle.

DON QUICHOTTE

Viens entendre mes résolutions.

SANCHO

Je viens. À pied, puisqu'on m'a volé mon Grison.

DON QUICHOTTE

Pense aux trois ânons que je t'ai promis et tu seras rasséréné.

SANCHO

C'est vrai, rasséneré, ranéssé... ra... Oui?

DON QUICHOTTE

Il faut Sancho que tu deviennes le messager de mes amours car dans les livres de chevalerie, il n'y eut jamais de passion sublime qui ne se traduisît en écrit et il n'y eut jamais d'écrit amoureux dont ne se chargeassent point les écuyers servants.

SANCHO

Bon début, la suite?

DON QUICHOTTE

Tu redescendras dans la plaine porter à la belle Dulcinée du Toboso dans son palais inexpugnable une lettre que je vais composer à l'instant. En l'écrivant je la lirai à haute voix et tu l'apprendras par cœur pour le cas où quelque enchanteur malin parviendrait à te la dérober.

SANCHO

Allez-y. J'écoute avec mes deux oreilles.

DON QUICHOTTE

Haute et souveraine dame...

SANCHO

Haute et souveraine dame.

DON QUICHOTTE

Le piqué au vif des pointes de l'absence, le blessé dans l'intime région du cœur, dulcissime Dulcinée du Toboso.

SANCHO

Allez pas trop vite. Le piqué dans le vif, le blessé du cœur. Dulcinississisime Dulcinée du Toboso...

DON QUICHOTTE

Te souhaite une bonne santé dont il ne jouit plus.

SANCHO

Te fait dire le bonjour. C'est plus court et ça dit la même chose.

DON QUICHOTTE

Mon bon écuyer Sancho Panza...

SANCHO

Hein? Ah oui.

DON QUICHOTTE

Te fera une relation complète, ô belle ingrate, ô ennemie adorée, de l'état où je me trouve, abîmé en ton amour.

SANCHO

Te dira que je suis en amour.

DON QUICHOTTE

S'il te plaît de me secourir, je suis à toi. Sinon fais à ta guise et à ta fantaisie car en terminant mes jours, j'aurai satisfait à ton désir et à ta cruauté. À toi jusqu'à la mort. Le chevalier de la triste figure.

SANCHO

Ah ça c'est envoyé. Le chevalier de la triste figure. C'est bon, c'est très bon, mon maître, je vous félicite. Bonguenne, vous savez en faire, des choses!

DON QUICHOTTE

Il faut être capable de tout dans la profession que j'exerce. Et toi as-tu bien retenu les mots?

SANCHO

Je les ai tous là. Comme du roc!

DON QUICHOTTE

(lui donnant la lettre)

Va. Que Dieu t'accorde ses bienfaits.

SANCHO

(lui rendant la lettre)

À propos de bienfaits, puisque vous y êtes et des fois qu'on oublierait, vous voulez pas écrire sur l'autre bord le mandat pour les trois ânons. Et signez bien clairement pour qu'on reconnaisse votre écriture. «Je donne à mon fidélissime écuyer Sancho Panza...»

DON QUICHOTTE

Laisse-moi faire librement. Occupe-toi plutôt de repasser ta leçon.

SANCHO

Comme du roc! «Ô ma souteraine dame de cœur, le piqué dans le vif vous laisse la fantaisie d'avoir son bon Sancho pour vous dire : À toi jusqu'à la mort. Le chevalier de la triste figure. » Je suis prêt.

DON QUICHOTTE

Va et fais diligence.

SANCHO

Diligence?...

DON QUICHOTTE

Vite!

SANCHO

Je cours. Ah Monsieur une question. Puisque je n'ai plus d'âne, il va falloir que je monte sur Rossinante, mais ne suis-je pas indigne de votre cheval?

DON QUICHOTTE

Nul, si bas soit-il, ne peut-être indigne de quoi que ce soit, fût-ce même du sceptre royal, dès le moment qu'il porte un message d'amour à la belle Dulcinée.

SANCHO

Coudon, j'y avais même pas pensé.

DON QUICHOTTE

Ce nonobstant, avant de partir, apprends et vois ce que j'ai résolu. Je m'engage aujourd'hui dans une aventure qui surpassera toutes les autres. Je veux imiter Amadis de Gaule désespéré par les dédains de la belle Oriane. Et Roland découvrant la perfidie d'Angélique qui s'avilit dans les bras de Médor. Ils devinrent fous d'amour. Ainsi serais-je. Fou je suis et fou je veux être jusqu'à ce que tu reviennes porteur de la réponse de ma dame et souveraine. Il faut que je déchire mes vêtements, que je disperse les pièces de mon armure, que je fasse des culbutes la tête en bas ainsi que mille autres extravagances que tu rapporteras à la belle Dulcinée. Je veux, Sancho, que tu me voies faire une demi-douzaine de folies, tout nu, sans autre habit que la peau.

SANCHO

Non! Pas tout nu, mon bon maître. Ça me donnerait envie de pleurer et j'ai plus de larmes, je les ai toutes versées pour mon âne.

DON QUICHOTTE

(la tête au sol agitant les jambes)

Regarde.

SANCHO

J'en ai vu assez. Je lui dirai tout. Et qu'elle se tienne comme il faut cette frais chiée de madame Dulcinée. Si elle veut rien savoir de votre amour, c'est bien simple, je lui casse la gueule, je lui arrache les dents, je lui coupe le nez, je lui tords les oreilles et je lui envoie un grand coup de pied dans l'oignon.

DON QUICHOTTE

Par ma foi, Sancho, tu n'es guère plus sage que moi.

SANCHO

Je suis pas si fou mais je suis plus coléreux. Je peux pas supporter qu'une Dulcinée de cette saleté du Toboso mette un honnête homme comme vous le cul par-dessus la tête.

DON QUICHOTTE

Pars, mon loyal écuyer, acquitte-toi avec soin d'une mission aussi prodigieuse.

SANCHO

Ayez pas peur. M'as toute lui dire en pleine face.

DON QUICHOTTE

As-tu vu celle-ci?

Il fait une culbute et disparaît en faisant des soleils.

SANCHO

Non! Non! Non! Je veux plus rien voir.

Il sort sur Rossinante.

SCÈNE XIV

LA FOLIE DE DON QUICHOTTE

Grand bruit de déchirure métallique suivi d'un grondement sourd. On voit apparaître Don Quichotte qui court dans tous les sens dans un état d'exaltation croissante. Le jeu doit donner l'impression qu'il est partout en même temps. Pour ce faire, il y aura plusieurs comédiens déguisés en Don Quichotte qui joueront à cache-cache.

DON QUICHOTTE

Rochers! Ruisseaux étincelants! Arbres et plantes! Vous tous, oiseaux, bêtes sauvages, aigles, loups et serpents! Regardez-moi et écoutez mes plaintes respectables. *(Il fait le poirier la tête au sol, les pieds en l'air.)* Ici, le vaillant Don Quichotte de la Manche, renversé par l'amour, pleure l'absence de Dulcinée du Toboso. *(Il s'effondre avec un grand cri, mais d'un seul coup se redresse.)* Et vous, vents enfermés dans les sombres cavernes par les décrets des magiciens du diable, faites rouler la pierre de vos tombeaux, déchaînez vos légions innombrables, emportez dans vos tourbillons les dernières attaches de mon esprit trop lourd! *(La tempête se lève.)* Pluies, flèches de glace, grêlons et vous silex coupants dardés par les bourrasques, frappez ma chair, rongez les molles collines de mes membres, ravinez ma peau jusqu'à l'os, ne laissez de mon corps que son architecture. *(Le tonnerre gronde.)* Tonnerre, tambour résonnant aux quatre points cardinaux sous les coups sans réplique du destin, batterie de l'univers en révolution, accorde tes grondements à mon cri et convoque la lumière fulgurante! *(Les éclairs fusent.)* Foudre sublime qu'accompagne la trompette de l'ange, brûle d'un coup la matière informe de mon crâne sous le choc de tes rayons électriques, engloutis-toi dans mon puits vertical, explose comme une bombe au centre de mon être et que mes cendres éparpillées inscrivent sur le sol les lettres magiques et inaltérables, le pentagramme de L'AMOUR.

SCÈNE XV

LA DÉCONFITURE

Entrent Angulo, la directrice, l'ange, Ulysse en costumes de ville. Ils poussent la charrette. Ils sont tous les quatre dépités.

ULYSSE

Qu'est-ce qu'on fait? Où est-ce qu'on va?

ANGULO

Je sais plus. Je veux plus le savoir. Je veux plus rien savoir.

L'ANGE

C'est le bout de la marde.

ULYSSE

Tu peux bien le dire. Le flop total.

ANGULO

On n'aurait jamais dû monter cette pièce.

ULYSSE

C'est bien trop littéraire, c'est vieux. Ça n'intéresse personne. Faut vivre avec son temps, sacrifice.

L'ANGE

Puis aussi, pourquoi tu as donné Hélène à Suzana Pantasso? Elle était pas capable de jouer ce rôle-là.

ULYSSE

Tu aurais été capable de le jouer, toi?

L'ANGE

Certainement!

ULYSSE

Bourrique!

LA DIRECTRICE

Heye, vous autres, partez pas la chicane. Un flop c'est un flop. Pas plus grave que ça. On va pas en faire un drame.

ANGULO

Tu es drôle, toi. Il y a plus d'argent. Il y a plus de troupe. Ils ont foutu le camp comme des rats, alors que ça fait six mois qu'on travaille ensemble. Je suis tanné. J'ai plus le courage de repartir à zéro.

LA DIRECTRICE

Allons donc, tu dis ça aujourd'hui. Dans trois jours ça ira mieux.

ANGULO

Je vois pas comment.

LA DIRECTRICE

On s'en sort toujours.

ANGULO

On pourrait peut-être vendre la charrette, les costumes, les accessoires. Ça nous a pris de l'argent toute cette affaire-là.

LA DIRECTRICE

Ça ne nous en rapporterait pas bien gros. Toutes nos bébelles coûtent cher mais elles ne valent rien. Elles ne se revendent pas. C'est comme l'amour.

ANGULO

Oh recommence pas avec tes comparaisons.

LA DIRECTRICE

Eh si, mon chéri, on recommence, on recommence toujours. On dit: C'est fini, la machine est cassée, la bête est morte. On jette le vieil amour aux poubelles. Et puis, un beau jour, on ne sait pas d'où ça vient, on ne sait pas comment ça se passe, il y a le petit désir qui lève la tête et ça repart. On doit être faits pour ça, mon Pitou, pas vrai? Faut laisser passer la tempête, c'est tout.

ANGULO

Margarita, tu es pas possible!

LA DIRECTRICE

Venez-vous-en, vous autres. On va passer une bonne nuit à l'auberge. Bien manger. Boire du vin et faire l'amour. C'est moi qui paye. Je garde toujours une petite réserve pour les mauvais jours. Demain on y verra plus clair.

ULYSSE

On y va?

ANGULO

On y va.

Ils sortent.

SCÈNE XVI

SANCHO DANS LA PLAINE

Sancho arrive monté sur Rossinante. Antonia entre de son côté.

ANTONIA

Hein? Ah! Non! Si! Ça se peut pas. Mais oui. C'est... Je veux pas le croire... Sancho Panza!

SANCHO

Lui-même.

ANTONIA

Nicolas! Nicolas! Nicolas!

Entre Nicolas.

NICOLAS

Bon. Crie pas si fort. Je suis pas sourd à la fin.

ANTONIA

Regarde qui c'est qui nous arrive.

NICOLAS

Hein? Ah! Non! Si! Ça se peut pas. Mais oui. C'est... Je veux pas le croire... Sancho Panza!

SANCHO

Lui-même.

ANTONIA

Gouvernante. Gouvernante.

NICOLAS

Docteur Carrasco!

Entrent la gouvernante et le docteur Carrasco.

GOUVERNANTE ET SAMSON

Hein? Ah! Non! Si! Ça se peut pas. Mais oui. C'est...

SANCHO

Sancho Panza lui-même pour la troisième fois. Gens de la plaine, écoutez-moi. Sachez que le piqué dans le vif de la dame de carreau m'envoie sur son messager Rossinante, qui vaut bien tous les spectres royaux de l'enchanteur Freston, vous dire la fantaisie de baiser l'inestimable Dulcinée du Toboso. Montrez-moi le chemin de son palais inexcusable et mon coursier pas rapide ira lui brouter la laine sur le dos. Car, nonobstant les frictions de Didon et Néné, les petites rivières font les gros ruisseaux, qui vivra verra, à bon chat bon rat, là où pousse l'herbe, là broute la chèvre.

Et si vous voulez savoir qui vous donne cet ordre, sachez que je me nomme Sancho Panza. Le futur gouverneur d'une île souterraine, l'écuyer rasséréré et vaporeux du grand Don Quichotte de la Manche. À toi jusqu'à la mort. Le chevalier de la triste figure. Et voilà.

LA NIÈCE

Sancho Panza, ça va bien?

SANCHO

Ça va très bien, noble duchesse. Vous auriez pas un petit bout de fromage ou du saucisson espagnol. J'ai faim.

LA GOUVERNANTE

Descends donc de là. Reviens à terre, Sancho, et on te donnera à manger.

SANCHO

Non. Je ne toucherai pas le sol avant d'avoir remis à Dulcinée du Toboso la lettre de mon Seigneur chevalier que je tiens... là... sur mon... cœur. *(Il se tâte partout.)* Où est-ce qu'elle est, hostie? Où est-ce que je l'ai mise? Bonté, qu'est-ce que j'en ai fait? Mes trois ânons!

SAMSON

Sancho Panza. Remettez-vous. Qu'y a-t-il?

SANCHO

Il y a que je viens de perdre trois ânons, un en dessous de moi et deux de chaque bord.

LA GOUVERNANTE

Arrête tes farces. Où est ton maître?

SANCHO

Là-haut.

LA GOUVERNANTE

Où ça?

SANCHO

Dans la montagne.

SAMSON

Pourriez-vous nous y mener?

SANCHO

Certainement mais ça ne me fera pas retrouver mes trois ânons.

SAMSON

Noble Sancho, sachez que la Princesse Micomicona est arrivée en ces lieux. Elle requiert le secours et l'appui de votre Seigneur Don Quichotte pour repousser les attaques du géant Pantafilando. Vous guiderez dans la montagne la Princesse Micomicona et sa suite. Vous la mènerez au repaire de votre maître. Là-haut, elle vous fera gouverneur de votre île et vous donnera les trois ânons que vous méritez ainsi que de nombreuses autres richesses. Retrouvez donc votre lettre, portez-la à Dulcinée du Toboso que nous nommons communément Aldonza Lorenzo et qui doit être occupée à trier des tomates dans sa cour arrière. Portez votre lettre et revenez nous trouver.

SANCHO

Si j'ai mes trois ânons, je n'ai plus besoin de la lettre. Je la sais par cœur.

SAMSON

Allez donc. Vite.

SANCHO

En diligence!

Il sort.

LA GOUVERNANTE

Docteur Carrasco, qu'est-ce que c'est que cette histoire-là?

SAMSON

La folie de Quijano est contagieuse. Elle a atteint Sancho Panza. Loin de la contredire, nous allons feindre de la partager. Par cette méthode nous ramènerons notre malade ici où nous sommes équipés pour le soigner vigoureusement.

LA GOUVERNANTE

Où allez-vous trouver votre Princesse Micomicona?

SAMSON

Je connais des gens dont c'est le métier de jouer les princesses.

ANTONIA

Les comédiens de la barque du diable?

SAMSON

Eux-mêmes! Leur pièce a échoué. Leur compagnie est à la veille de se dissoudre. Pour un peu d'argent, ils feront tout ce que nous voulons.

ANTONIA

Bravo!

LA GOUVERNANTE

Vous voulez soigner Monsieur Quijano en lui jouant la comédie!

SAMSON

«Par le théâtre je veux prendre au piège la conscience de Don Quichotte!» Laissez-moi faire. Préparez-vous de votre côté à partir en expédition.

Ils sortent.

SCÈNE XVII

DULCINÉE

Entre Aldonza Lorenzo portant un panier de tomates. Elle est suivie de Sancho Panza.

ALDONZA

Lâche-moi, lâche-moi, fatiguant.

SANCHO

Arrête un peu.

ALDONZA

Je suis tannée de toutes vos histoires. Vous vous moquez de moi. Tout le village me montre du doigt quand je passe dans la rue. Les gamins me lancent des pierres. Mon fiancé m'a envoyé au diable. Ça va faire!

SANCHO

Dulcinée du Toboso.

ALDONZA

Ah non! Dis pas ça. Dis pas ce mot-là. C'est ton vieux fou qui m'a appelée de même et maintenant le monde en font des chansons. Qu'est-ce qui vous est donc tous passé par la tête?

SANCHO

L'amour!

DULCINÉE

Votre amour je m'en sacre.

SANCHO

Il suffit, Princesse. Le noble Don Quichotte dépose à vos pieds la fantaisie de vous baiser l'infime région du pique. Alors tiens-toi tranquille et parle-moi correct, Aldonza Lorenzo, sinon m'as te fesser sur le cul.

ALDONZA

Viens-y donc, Sancho Panza. Viens-t'en si t'es capable.

SANCHO

Parfaitement. J'y viens.

ALDONZA
(bombardant Sancho de tomates)

Et attrape toujours ça. Innocent! Niaiseux! Race de maudit jongleux! Péteux de broue!

SANCHO

Heye, là, tu vas trop fort! Moi, j'ai rien fait. C'est pas moi. Arrête. Arrête. Vas-tu t'arrêter? *(Il reçoit une tomate en pleine figure.)* Christopher!

ALDONZA

Bien fait. Va-t-en y dire à ton bonhomme. Va-t'en y dire que j'ai encore une bonne masse de tomates en réserve pour lui envoyer sur la gueule.

Elle sort.

SANCHO

Ça c'est le bout du bout de la gratitude. Mais qu'importe! dirait mon maître. Haut le cœur! Qui veut noyer son chien l'accuse de la rage, petit poisson deviendra grand, et c'est pas les tomates à Dulcinée du Toboso qui m'empêcheront de mener dans la montagne la Princesse Macarona.

Il va pour partir. Entre le groupe haut en couleurs formé par la gouvernante, le curé, Samson Carrasco, Antonia, Angulo, Ulysse, la comédienne jouant la Princesse Micomicona (celle qui jouait l'ange). Référence: Commedia dell'arte.

Ils poussent devant eux la charrette et Rossinante.

SAMSON CARRASCO

Place à la Princesse Micomicona!

MICOMICONA

Je suis la Princesse Micomicona et je demande au fidèle Sancho, l'écuyer du non moins sublime Don Fricotte, Gigotte, Marotte, Quichotte, Don Quichotte, de nous mener au repaire de son maître.

SANCHO

Batèche! Ça c'est une femme, une vraie. Elle vaut bien mieux que toutes les Dulcinée. Altesse souterrainissime, je vous baisse les pieds.

ANGULO

(en majordome)

Ne tardons plus. Que le noble Sancho monte sur son destrier et se hâte de prendre la route vers le lieu où l'attendent le gouvernement de son île et les trois ânons qui lui furent promis.

SANCHO

Ça a bien du bon sens. Suivez le guide.

Il monte sur Rossinante. Tous disparaissent en chantant une chanson.

SCÈNE XVIII

LA PRINCESSE MICOMICONA

À nouveau la sierra. Don Quichotte est seul, immobile, chancelant, les vêtements déchirés, hirsute.

DON QUICHOTTE

Je vois...
Je vois la haute tour de solitude.
Je gravis les marches une à une.
Mon corps s'est allégé. Il ne me retient plus.
Il n'existe plus.
Toutes les ouvertures par où s'engouffraient les remous tièdes du présent sont désormais bouchées.
Je deviens pierre et mes vaisseaux se muent en nervures de marbre.
Je suis rocher, statue. Écrin définitif pour enchâsser l'image immatérielle de Dulcinée du Toboso. Car elle-même se transforme.
Elle-même existe au-delà des apparences, sans visage, sans forme, sans couleur.
Une lumière seulement.

La pointe d'une aiguille de feu fichée dans la roche.
Silence.

Entre, suivi de toute la troupe, Sancho qui est tout émoustillé. Il a un peu bu.

SANCHO

Ouh! Ouh! Seigneur Quichotte! Ouh ouh ouh! Ah le voici! Monseigneur, je peux bien vous le dire d'un seul coup, ça file en masse, 100 milles à l'heure. D'abord comme vous voyez, je me porte bien. J'ai mangé dans la plaine à me faire péter la bedaine: du fromage mou, des olives, du saucisson à l'ail et puis aussi une ratatouille de tomates que je suis pas à veille d'oublier. Le tout arrosé d'un bon petit vin de chez nous qui m'a mis le cœur en fête. Donc, faites-vous-en pas pour votre messager. Il est correct. Mais pour vous, écoutez bien les bonnes nouvelles que je vous apporte. Mon cher maître et Seigneur, j'ai la fantaisie rasséréníssime de vous présenter la Princesse Miconina qui s'en vient d'Éthiopie direct pour vous lécher les pieds. C'est pas difficile, son père a du trouble avec les voisins. Alors vous allez le voir, vous mettez de l'ordre dans ses affaires, vous épousez Madame et je deviens gouverneur de mon île avec trois ânons comme cadeau de mariage. C'est pas beau ça? C'est pas beau? Qu'est-ce que vous en dites? *(Don Quichotte ne répond pas.)* Il ne répond pas. C'est pas grave. *(À Micomicona.)*

Allez-y c'est votre tour. Faites-lui la jasette. Comme dit le proverbe: Il faut battre l'affaire pendant qu'elle est chaude.

MICOMICONA

Seigneur chevalier, mon père, le roi de Micomicon m'envoie vous demander secours et assistance contre le géant Pantafilando, le bandit sacrilège qui a envahi ses États.

Don Quichotte ne bouge pas.

SANCHO

Ça, c'est pas correct.

MICOMICONA

Veuves meurtries, orphelins dépouillés de leurs biens, vierges violentées, hommes de prière pendus aux arbres, vieillards coupés en morceaux. Voilà les méfaits de l'ignoble bête.

SANCHO

C'est écœurant.

MICOMICONA

Mon père lui-même réfugié dans sa ville haute risque de subir les plus immondes outrages si l'invincible Don Quichotte ne vient le secourir en écrasant l'armée barbare.

SANCHO

Nous le ferons.

MICOMICONA

Mon père vous supplie d'être fidèle à votre serment de chevalerie et de ne pas souffrir que la croix du Christ doive fléchir et s'incliner devant les étendards de l'infidèle.

SANCHO

Pas question de ça.

MICOMICONA

Mon père, sûr de la réponse du noble Don Quichotte, m'invite encore à lui dire que, s'il plaît à Dieu et si mon indigne personne ne déplaît pas trop à votre Seigneurie, je deviendrai sa chaste épouse pour le contentement de mon cœur et la perpétuation de la famille. Parlez Seigneur. J'attends votre réponse avec espoir et humilité.

Don Quichotte ne bouge toujours pas.

SANCHO

Parlez Monsieur. Il ne veut pas parler, qu'importe! Je suis le messager du Seigneur Don Quichotte ici présent et je peux vous dire ce qu'il pense sans qu'il ait besoin d'ouvrir la bouche.

Et voici ce que je vous dis:

«Duchesse, Altesse, Seignoresse.

Mon serment de chevalerie, je ne vais pas le mettre dans ma poche, c'est bien certain.

Le géant Patte-et-Fil-dans-le-dos,

Je lui casserai la tête plutôt deux fois qu'une.

Les veuves, les orphelins, les vieillards qui n'en peuvent plus et les enfants au biberon, je les défendrai jusqu'au bout.

Puis, quand j'aurai chassé de chez vous cette maudite racaille qui vire tout à l'envers, qui casse vos œufs et qui mange vos poules...

Alors, alors...

Vive la paix, vive la joie, vive l'amour!...

Je vous marierai, ma belle Princesse, vous ne regretterez jamais le bon mariage que vous aurez fait et Sancho aura ses trois ânons.

Promis, juré, craché. Foi de Don Quichotte, le chevalier de la triste figure.»

Ça, c'est la réponse de mon maître. Pas vrai, Monsieur? *(Don Quichotte fait un geste vers Sancho. Mais il tombe à terre, évanoui.)*Qu'est c'est ça? Qu'est-ce qui vous arrive? Mon maître!

Samson Carrasco se précipite sur Don Quichotte, lui tâte le pouls, lui regarde le blanc de l'œil.

CARRASCO

Il s'est évanoui. Il est épuisé.

SANCHO

Pas étonnant, maudit. Ça fait des jours et des jours qu'il n'a pas mangé.

CARRASCO

Vite. Profitons de l'occasion pour le transporter dans la charrette.

Tous se précipitent sur Don Quichotte.

SANCHO

Qu'est-ce que vous faites? Arrêtez!

LA GOUVERNANTE
(se dévoilant)

Tire-toi de là, Sancho. Si nous agissons ainsi, c'est pour son bien.

SANCHO

Gouvernante! Qu'est-ce que vous venez faire ici? Heye là, vous autres, qu'est-ce que vous voulez faire?

ANTONIA

(se dévoilant)

Nous allons ramener mon oncle à la maison.

LE CURÉ

(se dévoilant)

Mon fils, nous agissons pour la gloire de Dieu.

SANCHO

Monsieur le curé.
Antonia!
Mais alors... ceux-là... qui c'est ceux-là?

ANTONIA

Les comédiens de la barque du diable.

SANCHO

Aie aie! Ah! Misère. Misère. Miséricorde. La Princesse Macromakina n'est plus la Princesse Macromakina j'aurai jamais mon île.

Il s'écarte. Soudainement Don Quichotte se débat.

DON QUICHOTTE

L'enchanteur Freston m'attaque par surprise!

CARRASCO

Il doit en être ainsi pour suivre ta destinée!

DON QUICHOTTE

Au secours, Roland de Roncevaux! Galaor le bien-aimé! Amadis de Gaule!

GOUVERNANTE

Ô chevalier de la triste figure, monte dans le vaisseau magique où nous te transporterons.

DON QUICHOTTE

Êtes-vous des diables, des succubes malfaisants, ou des anges de Dieu?

ULYSSE

Nous sommes les envoyés du grand roi Micomicon qui nous ordonne, avant que tu viennes délivrer ses États, de te transporter au Toboso où t'attend la sans égale Dulcinée.

DON QUICHOTTE

Est-ce mensonge ou vérité? Dois-je me battre ou m'abandonner au destin? Répondez-moi!

ULYSSE

Il ne m'est pas permis d'en dire davantage. Que la grâce de Dieu vous assiste.

SANCHO

Laissez faire Monsieur. Ça vaudra mieux pour vous.

Don Quichotte retombe au fond de la charrette.

CANASCO

Et maintenant nous redescendons dans la plaine.

LA GOUVERNANTE

Nous quittons la sierra Morena, la montagne des fous.

La charrette se met en route.

LE CURÉ

(bénissant le groupe et la montagne)

In nomine Patri et fili, et spiritus sancti. Amen.

DON QUICHOTTE

Ils m'ont mis en prison. Ils m'ont enchaîné!

SANCHO

Vous inquiétez pas, dans votre tête, vous trouverez toujours moyen de leur échapper.

ANGULO

Josepha. Tu nous chantes ta chanson?

ANTONIA

Vite on s'en va. J'ai froid.

DON QUICHOTTE

(poussant un cri déchirant)

Sancho!

La charrette s'arrête.

SANCHO

Qu'y a-t-il, mon bon maître?

DON QUICHOTTE

Est-ce que je suis un homme?

SANCHO

Vous êtes l'homme le plus extraordinaire que j'ai rencontré dans toute ma vie.

DON QUICHOTTE

Sancho, dis-moi, mon vieux compagnon d'aventures, est-il juste qu'un homme souffre tellement pour avoir eu trop d'amour?

SANCHO

Pensez pas à ça Monsieur. N'y pensez plus. Alors vous autres, on y va?

DON QUICHOTTE

Tu marches avec eux?

SANCHO

Je rentre chez nous. Il faut bien vivre.

DON QUICHOTTE

Il faut... bien vivre.

Il tombe inanimé dans la charrette. La troupe s'en va en chantant la chanson de Josepha.

SCÈNE XIX

LE THÉÂTRE DE GINÈS DE PASSAMONT

Ginès de Passamont entre par le fond. Il pousse devant lui un petit castelet éclairé par une rampe de bougies. Ce castelet reproduit exactement la scène et la salle du théâtre où se joue la pièce. Tout le reste de la scène est dans le noir.

GINÈS

Moi, Ginès de Passamont, le voleur de grands chemins, je me suis dérobé à la comédie du monde. Ça devenait trop difficile. Mes complices d'évasion, ce sont ces figurines de papier que je promène à travers la campagne. Qui reconnaîtrait le fameux bandit qui mettait en émoi la police du tsar sous les traits aimables d'un simple montreur d'images, un marchand d'illusions?

Fidèle à moi-même je raconte des histoires d'amants, de voleurs et de fous. Celle d'Amadis de Gaule. Celle de Freston le savant enchanteur. Celle de Jacques Duchesne qui se révolta contre le Prince des Asturies.

Je raconte aussi la merveilleuse histoire de Don Quichotte de la Manche qui se battit contre les moulins à vent et me rendit la liberté au pied de la sierra Morena.

Et voici le dernier chapitre. Je ferai apparaître sur la scène de mon petit théâtre l'alcôve où le vieil homme agonise car l'auteur a écrit: «Le signe auquel tous comprirent que Don Quichotte se mourait fut qu'il était revenu si soudainement de la folie à la raison.»

SCÈNE XX

LA MORT DE DON QUICHOTTE

Tous les comédiens sont entrés dans le noir pendant le monologue de Ginès. Ce sont eux qui prêteront leurs voix à la scène suivante. Tandis que Ginès manipule ses images découpées.

DON QUICHOTTE

Écoutez-moi, vous tous.
J'ai la raison libre et claire. Je découvre la réalité des choses. Je suis devenu un homme du temps présent. Et je déclare:
Mes livres m'avaient trompé
Dulcinée du Toboso n'existe pas.
Il n'y a dans le monde ni beauté, ni vertu, ni justice idéales.
Les pauvres et les opprimés, qu'ils se libèrent eux-mêmes.
La veuve et l'orphelin, qu'ils se débrouillent avec leurs problèmes de famille.
Rossinante n'était qu'un cheval cagneux.

Moins que cela... Un vieux bicycle tout rouillé qui n'aurait jamais dû sortir du garage.

Et notre comédie, mes bons amis, un jeu d'images mensongères.

SANCHO

Monsieur, réveillez-vous, vous avez pas le droit de partir comme ça.

DON QUICHOTTE

Pas le droit, Sancho?

SANCHO

Je veux dire... c'est pas à vous de dire des choses de même. Effacez-moi tout ça. C'est pas l'affaire du pommier de produire des carottes.

DON QUICHOTTE

Silence, vieille fontaine à proverbes. Laisse-moi seulement t'en dire un: Quand le livre de la vie est fini, on ne peut plus en changer une ligne. Au lecteur de choisir les passages qu'il préfère.

Entre les mains de Dieu je remets mon âme.

Il meurt.

GINÈS

Aussi mourut l'ingénieux hidalgo, Don Quichotte de la Manche.

TOUTE LA TROUPE

Vivat!

Noir.

ACHEVÉ D'IMPRIMER
EN AVRIL 1995
SUR LES PRESSES DE L'IMPRIMERIE AGMV

CAP-SAINT-IGNACE (QUÉBEC)

POUR LE COMPTE
DE LEMÉAC ÉDITEUR

DÉPÔT LÉGAL
1re ÉDITION : 4e TRIMESTRE 1985
(ED 01/IMP 02)